シリーズ・現代経済学⑭

「優良企業」でなぜ過労死・過労自殺が？

「ブラック・アンド・ホワイト企業」としての日本企業

野村正實 著

ミネルヴァ書房

「優良企業」でなぜ過労死・過労自殺が？

――「ブラック・アンド・ホワイト企業」としての日本企業

目　次

序章　ブラック企業論への疑問

現在、多くのブラック企業対策本が出版されている。ネット上でも、ブラック企業について数多くの書き込みがある。これまでのブラック企業論は、ある特定のタイプの企業の特質を分析してきた。特定のタイプの企業とは、ブラック企業被害対策弁護団がブラック企業として定義する企業、すなわち「新興産業において、若者を大量に採用し、過重労働・違法労働によって使い潰し、次々と離職に追い込む成長大企業」（ブラック企業被害対策弁護団ＨＰ）である。ブラック企業は従業員をうつ病に、さらには過労死・過労自殺にまで追い込む。

しかし過労死・過労自殺にまで追い込む企業は、「新興産業において、若者を大量に採用し、過重労働・違法労働によって使い潰し、次々と離職に追い込む成長大企業」だけではない。そのことを明白に示したのが、二〇一六年から一七年にかけて大きな話題となった電通女性社員過労自殺事件である。

二〇一五年一二月二五日、クリスマスの日に一人の若い女性が自殺した。二〇一六年九月に三田労働基準監督署が、自殺の原因は長時間の過重労働にあった、として労働災害に認定した。同年一〇月に遺族と代理人弁護士が記者会見して、その事実を明らかにした。

過労自殺したのは、二〇一五年四月に電通によって定期採用された高橋まつりさんであった。彼女は採用後一年もたたないうちに過労自殺に追い込まれた。不幸にしてこれまでも数多くの過労死・過労自殺があった。しかし高橋まつりさんの過労自殺事件は、過労自殺事件としてかつてないほどの社会的注目を集めた。それだけでなく、当該企業の経営に大きなインパクトを与え、さらに政府の政策や労働時間法制にも影響を与えた。高橋まつりさんの過労自殺事件は、まちがいなく日本の企業史と労働史に記録される事件である。

事件の概要は次のようなものであった（事実関係は川人［二〇一七a］、川人・蟹江［二〇一七］。川人・蟹江両氏は遺族の代理弁護人）。

高橋まつりさんは、二〇一五年三月に東京大学文学部を卒業し、同年四月一日に電通に入社した。新入社員研修を終えて、六月に自動車保険のデジタル広告を業務とする部局に配属された。インターネット広告のデータ（検索順位、表示回数、クリック回数、成約回数など）の分析、翌週に向けた改善点についての週次レポートの作成、クライアントにたいする改善点の提案、クライアントとの協議で決定された改善事項の実行、という一連の作業を毎週くりかえすもので、時間的にきわめてタイトな業務であった。

半年の試用期間を終えて一〇月から本採用になり、高橋さんは、それまでの自動車保険のデジタル広告業務に加えて、ＦＸ証券のデジタル広告案件の担当も命じられた。

電通では、局の会合を「局会」、部の会合を「部会」と呼び、会合の幹事や幹事補佐を新入社員に担当させていた。局会や部会は、プレゼンテーションや接待の重要な訓練の場として位置づけられ、事前の準備、当日のスムーズな進行について、事後に入念なチェックを受けることになっていた。たとえば、死亡約一週間前の部会で、高橋さんは一次会・二次会の店の決定・予約、宴会中のコンテンツの企画・決定、パワーポイント資料の作成、当日の宴会の司会・進行、二次会への誘導、解散後のタクシーの手配などを担当した。

高橋さんは、日常業務で時間的余裕がなかったため、十分な準備、司会・進行ができなかった。当日の三次会において上司から、「乾杯の発声者も決めていない」、「花束贈呈もスムーズにおこなえていない」、「二次会の店が遠方であった」などと叱責された。さらに上司は、高橋さんにたいして、週明けにはメールで改善点のレポートを提出するように指示した。

高橋さんの時間外労働時間は、代理人弁護士が入退館記録などをもとに算定したところ、一〇月九日～一一月七日の一ヶ月間で一三〇時間五六分であった。三田労働基準監督署が認定した時間外労働は、同じ期間で一〇六時間五〇分であった。いずれにしても、過労死認定基準を上回る時間外労働であった。

生前、高橋さんはツイッターに「つぶやき」を残していた。それによると、上司は、高橋さんに次のように言っていた。「君の残業時間の二〇時間は会社にとって無駄」「会議中に眠そうな顔をするのは管理ができていない」「髪ボサボサ、目が充血したまま出勤するな」「今の業務量で辛いのはキャパがなさ過ぎる」「女子力がない」。高橋さんは、このような上司のパワーハラスメント的言動で精神的にさらに追いつめられ、自殺した。

電通には「鬼十則」と呼ばれる行動規範がある。四代目社長の吉田秀雄氏によって一九五一年につくられ、電通社員の行動規範となっていた（全文は電通一〇〇年史編集委員会［二〇〇一］一七三）。この「鬼十則」が高橋さんを過労自殺に追いやったのではないかとして、知られるようになった。そのなかには、次のような規範があった（カタカナの部分はひらがなに書き直し）。「五、取り組んだら「放すな」殺されても放すな　目的完遂までは」「六、周囲を「引き摺り回せ」引き摺るのと引き摺られるのとでは、永い間に天地のひらきが出来る」「九、頭は常に「全回転」八方に気を配って一部の隙もあってはならぬ　サービスとはそのようなものだ」「十、「摩擦を怖れるな」摩擦は進歩の母積極の肥料だ　でないと君は卑屈未練になる」。

「鬼十則」のこうした規範を真剣に実践するならば、本人か周囲の者が精神的・肉体的に異常な状態に追い込まれるであろう。

数多くの過労死・過労自殺のなかで、電通女性社員過労自殺事件がこれまでにないほど注目されたのは、その悲劇性がきわだっていたからである。過労死・過労自殺のほとんどは男性である。電通事件では若い女性であった。女性の容姿について記すことは控えるのが常識であるが、今回の事件がなぜマスコミの大きな注目を浴びたかという理由に関係しているので、あえて記すと、高橋さんは容姿端麗であった。出身大学は東京大学文学部で、マスコミから見て話題にうってつけの、「才色兼備」の女性であった。舞台は広告代理店であった。広告業界は華やかなイメージがあり、学生の就職先としてきわめて高い人気がある。広告業界の中でも、電通は第二位の博報堂を大きく引き離して断トツのトップ企業で、大学生の就職したい企業ナンバーワンに選ばれたこともある。

その電通に就職した高橋さんは、だれもがうらやむようなキャリアを歩むはずであった。それが入社してからわずか九ヶ月で、長時間労働と上司によるセクシャルハラスメント、パワーハラスメントによって自殺に追い込まれた。新聞報道によれば、自殺した日の朝、高橋さんはお母さんに、「人生も仕事もすべてがつらいです」、とメールしていた。二四歳の女性の言葉として、あまりにも悲しい最後の言葉である。

テレビや新聞などのマスコミは高橋さんの過労自殺事件をトップ記事として取り上げた。インターネット上では、高橋さんがツイッターに残した「つぶやき」がアップロードされた。「つぶやき」は、高橋さんが精神的・肉体的に追い込まれていく様子をつぶさに伝えていた。こうした報道やインターネット情報によって、会社と高橋さんの上司を強く非難する声が圧倒的な世論となった。

こうした世論にこたえるかのように、厚生労働省は異例の速さで動いた。事件があきらかになる一年半ほど前の二〇一五年四月、厚生労働省は東京と大阪の労働局に、いわゆる「ブラック企業」の取り締まりを強化する狙いで、「過重労働撲滅特別対策班」（通称「かとく」）を発足させていた。その

「かとく」が二〇一六年一一月七日に電通を家宅捜索した。そして厚生労働省は、一二月二八日、労働基準法違反の疑いで、法人としての電通と当時の上司一人を書類送検した。通常の労働災害ではとうてい考えられない異例の対応であった。

書類送検を受けて、電通の石井直社長が記者会見し、引責辞任する意向を表明した。そして二〇一七年一月二〇日、会社と遺族との間で合意書が締結された。その中で会社は、再発防止に向けて一八項目にわたる具体的な対策（長時間労働の削減、ハラスメント防止、健康管理対策など）を約束した。

さらに、電通女性社員過労自殺事件は政府の労働時間の上限をめぐる政策にも影響を与えた。事件が公表される前の二〇一六年六月二日、「ニッポン一億総活躍プラン」が閣議決定された。そのプランを実現するために、九月二六日、首相の私的諮問機関として「働き方改革実現会議」が設置された。もともと「ニッポン一億総活躍プラン」のなかに「長時間労働は、仕事と子育てなどの家庭生活の両立を困難にし、少子化の原因や、女性のキャリア形成を阻む原因、男性の家庭参画を阻む原因となっている」という文言が含まれていた。長時間労働が働き方改革の一つの焦点であった。働き方改革実現会議が設置された直後に、高橋さんの過労自殺が報道された。長時間労働は「少子化の原因や、女性のキャリア形成を阻む原因」にとどまらず、人間の命をも奪うことが、高橋さんの悲劇によって劇的に可視化された。

働き方改革実現会議は二〇一七年三月二八日、「働き方改革実行計画」を決め、長時間労働を規制する方向を明記した。「週四〇時間を超えて労働可能となる時間外労働の限度を、原則として、月四五時間、かつ、年三六〇時間」とし、違反には罰則をもうける、というのである。

戦後日本の労働時間は労働基準法によって一日八時間週四八時間とされた。しかし労働基準法第三六条によって、当該事業場に労働者の過半数で組織する労働組合がある場合においてはその労働組合、労働者の過半数で組織する労働組合がない場合においては労働者の過半数を代表する者との書面による協定（三六協定《さぶろく》）を結べば、使用者は労働時間を延長することができる。労働時間の上限規制はない。それが、「働き方改革実行計画」によって時間外労働の上限が設定されるとともに罰則つきとなる方向が打ち出されたのである。時間外労働の上限を月四五時間、年三六〇時間にするという点について、さらに例外規定でもっと長い残業が可能となっていることに強い批判がある。しかし、ともかくも罰則をともなう法的上限という考えが打ち出されたことは、電通事件の影響である。

電通女性社員過労自殺事件は、以上のように、日本社会に対して政治的・経済的・社会的に大きなインパクトをあたえた。同時に、既存のブラック企業論の問題点を鮮明にするものでもあった。

ジャーナリストや弁護士などで構成されている「ブラック企業大賞企画委員会」は、二〇一六年の「ブラック企業大賞」を電通に授与した。当然のように思える。しかし決して当然のことではない。電通は、ブラック企業の定義にあてはまらない会社だからである。

ブラック企業の定義としてもっとも流布しているのは、すでに引用したブラック企業被害対策弁護団による定義である。ブラック企業とは、「新興産業において、若者を大量に採用し、過重労働・違法労働によって使い潰し、次々と離職に追い込む成長大企業」である。しかし、この定義をもちいるならば、電通はブラック企業ではない。

まず、電通が所属する産業は「新興産業」ではない。広告業界は近代資本主義の歴史とともに古い業界である。近代資本主義が世界ではじめて成立したイギリスにおいて、近代広告業のパイオニアとなったチャールズ・ミッチェルが広告代理店を出したのは一八三六年である（荒井［一九九四］七三－七四）。イギリス産業革命が完了した時期である。日本で最初の近代広告代理店が開業したのは一八八〇（明治一三）年、活発になるのは一八八六（明治一九）年の弘報堂の開業からである（電通一〇〇年史編集委員会［二〇〇二］四七）。広告業界は、世界的にみれば一八〇年余の、日本においても一四〇年近くの歴史を有しており、けっして「新興産業」などではない。

また、電通は「若者を大量に採用し、過重労働・違法労働によって使い潰し、次々と離職に追い込む」会社でもない。ブラック企業対策本は、大量採用・大量離職のメルクマールとして、新規学卒入社者の三年以内の離職率が三〇パーセントを超えるかどうかを重視している。三〇パーセントを超えるとブラック企業である可能性が高い、というのである。

電通の離職率は、「東洋経済 on line」によれば、男性の二〇一一年入社者一六〇名のうち二〇一四年の在籍者は一五四名（離職率三・八パーセント）、女性はそれぞれ六五名と六三名（離職率三・一パーセント）である（http://toyokeizai.net/articles/-/63579）。男女計でも離職率は三・六パーセントにすぎない（新規学卒入社者には全学歴がふくまれている）。ブラック企業対策本が注意をうながしている新規学卒入社者三年以内の離職率三〇パーセント以上というブラック会社とは別世界である。離職率三・六パーセントという数字のために電通は「東洋経済 on line」によって「二〇一五年新入社員に優しいホワイト企業トップ三〇〇」に選ばれている。離職率だけを見れば、電通は、ブラック企業とは正反対のホワイト企業である。

さらに、電通は、広告業界において売上高二位の博報堂を大きく引き離して断トツのトップ企業であるものの、急拡大するインターネット広告で遅れをとっており、「成長大企業」ではない。つまり電通は、ブラック企業被害対策弁護団によるブラック企業の定義「新興産業において、若者を大量に採用し、過重労働・違法労働によって使い潰し、次々と離職に追い込む成長大企業」に、まったくあてはまらない。そうした会社に「ブラック企業大賞」を授賞したという事実は、ブラック企業論に混乱のあることを示している。

電通に二〇一六年「ブラック企業大賞」を授与したブラック企業大賞企画委員会は、同じ年に、日本郵便株式会社に「特別賞」を授賞した。パワーハラスメントや年賀状販売の自爆営業（自分のカネで購入してノルマを達成する営業手法で、その強要はもちろん違法行為）などがその理由であった。日本郵便株式会社の発足は二〇〇七年であるが、その前身は国の郵便事業で、一八七一（明治四）年にまでさかのぼる。日本郵便もまた「新興産業」ではないし、「成長大企業」でもない。

さらにいえば、過去において過労死・過労自殺をだした会社として、トヨタ自動車、富士通、パナソニック、関西電力など、名だたる会社が名前をつらねている。さきほどの「東洋経済 on line」によれば、新規学卒者の三年以内の離職率は、男女計で、トヨタ自動車三・一パーセント、富士通三・

一パーセント、関西電力三・一パーセントと同一で、電通と同じく、きわめて低い数値となっている。この離職率だけを見るならば、いずれの企業もホワイト企業といわなければならない。

もちろんブラック企業被害対策弁護団は、電通のような会社の存在をよく知っている。そして電通のような会社が、「新興産業において、若者を大量に採用し、過重労働・違法労働によって使い潰し、次々と離職に追い込む成長大企業」という定義にあてはまらないこともよく知っている。

そこでブラック企業被害対策弁護団は、先に引用した定義を狭義の定義とした上で、「ただ、一方で、日本社会にはブラック企業問題の登場以前から違法労働が蔓延してきました。サービス残業や、過労死といった問題は、以前から日本社会を覆っていました」と指摘し、広義の定義として、「違法な労働を強い、労働者の心身を危険にさらす企業」としている（ブラック企業被害対策弁護団HP）。広義の定義には、「新興産業」という限定も「成長大企業」という特性も含まれていない。どのような産業、どのような企業であれ、「違法な労働を強い、労働者の心身を危険にさらす企業」はブラック企業である、というのである。

たしかに、過労死・過労自殺をだすような企業は「違法な労働を強い、労働者の心身を危険にさらす企業」である。しかし、こうした定義では、電通のような企業の特徴をとらえきれない。過労死・過労自殺をだした電通にしてもトヨタにしても、従業員の意識調査をおこなえば、ウチの会社はいい会社だと思っている従業員が多数を占めるであろう。低い離職率がなによりもそれを証明している。

電通をはじめ、過労死・過労自殺をだしている歴史ある会社は、ブラック企業とは別のカテゴリーとして理解すべきである。過労死・過労自殺を生み出す論理も、ブラック企業とは異なっている。そうした会社は、多くの社員によってホワイト企業だと思われている。しかし過労死を生み出すようなブラックな側面もあわせ持っている。そうした会社は、ブラックな側面とホワイトの側面を同時にあわせ持った企業として「ブラック・アンド・ホワイト企業」と呼ばれるべきである。

ブラック企業については、社会の認識が広まっている。ブラック企業に就職しないためのガイドブックも多数出版されている。インターネット上でも、そうした情報がたくさんある。そのなかで一番よく見られているのは、ＰＤＦファイルで公開されている上西充子／今野晴貴／常見陽平『ブラック企業の見分け方――大学生向けガイド』（http://bktp.org/recognize）であろう。そこでは、とくに気をつけて確認すべきこととして、五点が指摘されている。

① 新規学卒社員の三年以内の離職率三割以上
② 過労死・過労自殺を出している
③ 短期間で管理職になることを求めてくる
④ 残業代が固定されている
⑤ 求人広告や説明会の情報がコロコロ変わる

こうした注意喚起は、ブラック企業対策としては有効である。しかし、ブラック・アンド・ホワイト企業については、この五点のうち「過労死・過労自殺を出している」という点のみがあてはまり、残り四点はあてはまらない。

一方の極にブラック企業が、他方の極にホワイト企業があるというような二分法が成立するのであれば、問題は簡単である。離職率とか残業時間とか、何らかの明確な指標によって、ある企業をブラック企業、別の企業をホワイト企業と分類することができるからである。

しかし日本の大会社の大半は、ブラック・アンド・ホワイト企業である。ブラックな部分とホワイトな部分とをあわせ持っている。少なくない有名会社が過労死・過労自殺を生み出している。たとえ過労死・過労自殺をだしていない会社でも、多くの従業員を長時間労働によって過労うつ、脳・心臓疾患、精神障害、慢性的疲労に追い込んでいる。厚生労働省の二〇一五年労働安全衛生調査（実態調査）によれば、現在の仕事や職業生活にかんすることで、強いストレスとなっていると感じる事柄がある労働者の割合は五五・七パーセントにものぼっている（企業規模計）。

これまでに出版された数多くのブラック企業対策本は、就職活動をおこなう学生に警鐘を鳴らしてきた。ブラック企業対策本は、実践的に重要かつ有用である。しかし、ブラック企業対策本は、ブラック・アンド・ホワイト企業を分析していない。あたかも、ブラック企業への就職を避けることができれば、問題はないかのような印象を与えている。

ブラック企業について啓蒙し警鐘を鳴らすことは重要である。しかし、ブラック・アンド・ホワイト企業の問題を分析することは、それと同じくらい、あるいはそれ以上に重要である。その理由は、第一に、ブラック企業が新興産業の成長企業に集中しているのにたいし、ブラック・アンド・ホワイト企業は産業を問わず、企業類型を問わず、あまねく存在しているからである。いいかえれば、あらゆる産業のあらゆる企業がブラック・アンド・ホワイト企業となる可能性がある。

第二に、ブラック・アンド・ホワイト企業が普遍的な存在であるということは、日本の企業の本質と関係していると考えられるからである。つまり、ブラック・アンド・ホワイト企業論は、日本企業論でもある。

これまでブラック・アンド・ホワイト企業という概念が提起されたことはない。本書がブラック・アンド・ホワイト企業にかんする最初の研究である。

働く人と会社の関係は、会社にとっては採用の時点から、働く人にとっては就職の時点からはじまる。したがって、働く人と会社との誤った関係も、採用・就職の時点からはじまる。それゆえ、ブラック・アンド・ホワイト企業論も、採用・就職の話からはじまる。

第一章　特異な日本の採用・就職

「定期採用」と「中途採用」

採用には定期採用と中途採用がある。定期採用は新規学卒者を四月はじめ（会社によっては三月末）に採用することである。それ以外の採用を中途採用という。

このような説明に違和感を覚える人はいないであろう。しかしこのような説明に違和感を持たないこと自体が変なのである。一方で定期採用という言葉を使うならば、それ以外の採用は随時採用あるいは不定期採用というべきである。「定期」と「中途」では対義語になっていない。対義語になっていないにもかかわらず、定期採用と中途採用という区分法が自然に感じられるのは、この二つの用語が、日本社会における特定の価値観を反映しているからである。定期採用はよい採用、中途採用はよいとはいえない採用、という価値観である。また、こうした価値観を反映した用語が日常的に使われることによって、そうした価値観を強化している。

定期採用という言葉は、一九二〇年代には官庁用語として使われていた。中央職業紹介事務局は一九二七年から「会社銀行定期採用情況」を調査している（中央職業紹介事務局［一九三五］三七）。定期採用という言葉が公に使われるようになったのはこのころと見てよいであろう。マスコミでも、一九二九年八月四日『東京朝日新聞』夕刊「益々深刻化する知識階級の就職難」の記事に「定期採用」の語句があり、中央職業紹介事務局の調査と同じ意味で使われている。

定期採用の対象は「大学卒業生」「専門学校卒業生」「中等学校卒業生」であった。戦後教育改革によって学校制度は大きく変わった。戦前の大学卒業生と専門学校卒業生は戦後の大学卒業生に相当する。戦前の中等学校卒業生は戦後の高校卒業生に相当する。

注意すべきは、中学卒業生のほとんどが高等学校に進学する今日と違って、戦前の中等学校への進学率は低かったことである。一九三五年で一八・五パーセントであった。高等教育機関になると、在学生の該当年齢人口に占める比率はわずか三パーセントにすぎなかった。

中央職業紹介事務局は大学卒業生・専門学校卒業生・中等学校卒業生を「知識階級」と呼んでいる。当時の進学率を考えると、彼らを「知識階級」と呼ぶのもうなずける。定期採用とは、「知識階級」という高級人材を採用するもので、当然、一般的な採用よりも高い価値を有するものであった。今日イメージ的に、中途採用よりも定期採用の方が良いと見なされているのは、定期採用という言葉の歴史にその一つの理由がある。

こうした歴史的背景とともに、定期採用という言葉自体も定期採用の良いイメージを支えている。

「定」という字を含む熟語を列挙すれば、定職、定位、定説、定型、定着、定置、定住など、安定した様子、たしかな状態をあらわしている。「定期」という熟語を含む言葉として、定期預金、定期取引、定期昇給、定期券、定期刊行物、定期講読などがあり、いずれも継続性・安定性を意味するポジティブなイメージである。

それでは、中途採用という言葉はいつごろから使われるようになったのであろうか。これまで中途採用という言い方が変だとは思われてこなかったので、この言葉がいつごろから、なぜ使われるようになったのか、調べた研究はない。

定期採用という用語は、すでに指摘したように、一九二七年には公の用語として使われている。しかし、戦前に中途採用という用語は登場していない。

中途採用という言葉は、戦後、それも高度成長期のはじまりとほぼ同時に登場し、高度成長期に広く使用されるようになった。国立国会図書館の検索システムNDL-OPACで検索しても、「雑誌記事索引集成データベース」で検索しても（二〇一七年五月三日アクセス）、中途採用という用語がはじめてヒットするのは『労政時報』一九五六年一一月二三日号の記事「中途採用の初任給の基準を求める一方法」である。『労政時報』は会社の人事労務担当者向けの実務雑誌である。中途採用という用語は人事労務管理の実務者によって使われはじめた、と見てよいであろう。

中途採用という用語が高度成長期初期に実務家によって使われはじめたという推測は、他の文献によっても支持される。日本経営者団体連盟（日経連）は一九五六年に『賃金格差の理論と実証的研究』

と題する九〇〇頁を超す大部の研究書を出版した。それは「日経連産業経済研究会」の研究成果で、そのメンバーは少数の研究者や官僚を含んでいるものの、ほとんどは大会社の人事労務担当者や調査課所属の社員であった。この本の中に注目すべき文章がある。

「実際には、職員層の大部分はともかくとして、工員層については養成工制度をとっている場合以外は義務教育修了後直ちに入社するというケースは戦前に比べると相対的に少なくなっている。特にいわゆる重化学工業といわれる業種にあっては労働基準法による年少労働者に対する制約を避ける意味でも、一八才以上で採用される場合が少くない。——これらをここでは学校卒業後直ちに入社したいわゆる標準入社の者に対し便宜上〝中途採用者〟と称している——かかる意味で、中途採用者についての賃金格差の実情と、その取扱いということは極めて重要な又関心のもたれている問題である」（日本経営者団体連盟［一九五六］二一〇）。

この引用文は、一九五六年の時点で中途採用という言葉がまだ定着した用語ではないことを明確に示している。ちなみにこの個所を執筆したのは「三菱金属鉱業（株）給与課堀川三夫」である。中途採用という用語は高度成長期初期に実務家たちのあいだで使われるようになった、といってよいであろう。

中途採用という言葉が高度成長期初期に登場し、高度成長とともに確立した用語となったことを示す傍証として、大河内一男編『岩波小辞典　労働運動』がある。この辞典は「労働運動」というタイトルであるが、内容的には労働用語辞典である。この辞典は一九五六年に出版された。そこには「中

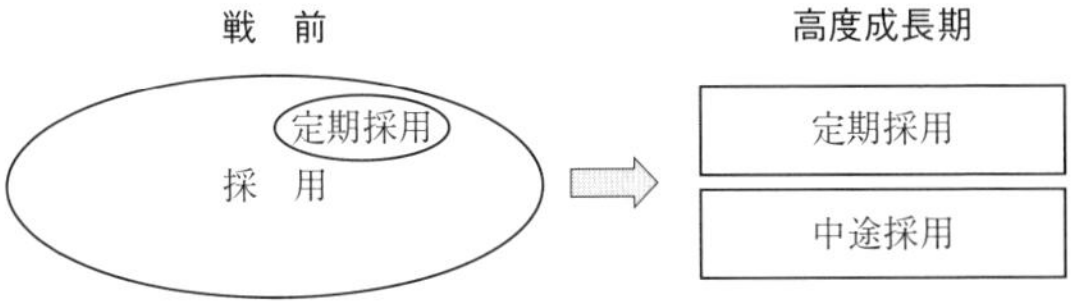

図1-1　採用，定期採用，中途採用

途採用」という項目はない。索引にも「中途採用」という用語はない。高度成長が終わる一九七三年に、この辞典の第二版が出版された。そこには「中途採用者」の項目があり、「卒業後なにがしかの職業経験を経た後常用工・常用職員として採用されたものを指す」（大河内［一九七三］一三三）と解説されている。「定期採用」と「中途採用」という二分類は、高度成長期に確立した。それでは、「中途採用」という言葉が存在しなかった戦前に、「中途採用」に相当する採用方法は何と呼ばれていたのであろうか。

戦前においては、一般的用語として「採用」という言葉があり、「採用」という大枠の中に「知識階級」という高級人材を採用する特殊な「定期採用」がある、と考えられていた。量的にも、「定期採用」は「採用」全体の中でわずかな部分を占めるだけであった（図1-1）。

戦後教育改革によって戦後の学校教育体系は大きく変わった。戦前の中等教育は教育改革によって後期中等教育とよばれるようになり、新制高等学校がそのための学校となった。高校への進学率が急速に上昇し、それにともなって定期採用者の数も急増した。そのため、もはや戦前のように採用という一般的な枠の中に定期採用という特殊な採用形態がある、ということではすまなくなり、定期採用者とそれ以外の採用者を対比的に分ける必要が出てきた。そして定期採用以外の採用を中途採用と呼ぶようになった。

それにしてもなぜ定期採用以外の採用を「中途採用」と呼ぶのであろうか。「定期」と「中途」では対義語にならない。一方を定期採用というのであれば、それ以外の採用は随時採用あるいは不定期採用というべきである。それにもかかわらず中途採用という言葉がごく自然な用語のように思われて普及したのは、中途採用という言葉がある価値観を反映した言葉だからである。

どのような価値観か、「中途」という言葉を使う熟語を列挙してみよう。まっとうすべきものが完成することなく挫折することが「中途退学」「中途解約」である。使いものにならない、あるいは使い勝手の悪いものが「中途半端」である。

また、江戸時代に「中途者《ちゅうともの》」という言葉があった。江戸時代の商家では一〇歳前後の子供を丁稚《でっち》として雇い、奉公期間が長くなるにつれて手代や番頭に取り立てていた。そうした通常のコースではなく、青年期にはいってから商家に奉公するようになった者が「中途者」と呼ばれた。子供ではないので丁稚にも使えず、また、手代とするほどの経験もない奉公人のことである。「中途者」という言葉は、中途半端な奉公人という感じを露骨に表現している。戦後に中途採用という言葉を使いはじめた人たちには、この「中途者」のことが念頭にあったのかもしれない。

要するに「中途」とは、日本社会の価値基準からみて否定的なものを指す言葉である。定期採用以外の採用が中途採用と呼ばれるようになったのは、そうした採用は価値観からみて否定的な採用方法だからである。

定期採用者と対比された中途採用者は、次のような論理でいわば「二級社員」となる。「まず『優秀』な人物は、ストレートで学校を終え、よい就職をする筈である。だから道草をくったものは、『優秀』な人物ではありえない。第二に、終身雇用のルールに背いて自己退職をしてきたものなら、企業秩序に非協力的な人物なのかもしれない。だとすると、そのような人物に過大な投資をすることはできない。第三に、もしやめさせられた人物だとしたら、なおさら望ましくない人間かもしれない。終身雇用制度が存するのにやめさせられるようなのは、どうせ碌《ろく》なものではありえない。第四に、あちこち渡りあるくようなものは、各地で悪いクセを身につけている。だから会社に入ってもスナオになじんでいけない。学校を出た時の白紙の状態の方が望ましい。第五に、途中入職者を優遇すると、前から働いている者がクサッてしまう。だから形式的にでも、差別待遇をしなくてはならない」（武沢［一九六〇］七六）。

中途採用者が定期採用者よりも低く評価されることは給与の差に明確に表れている。もちろん、中途採用者の中には高度な知識や経験を買われてヘッドハンティングされる人もいる。そのような人は高い給与を提示されるであろう。しかしそうした一部の人を除くと、中途採用者は定期採用者よりも給与が低いのが普通である。

給与については、厚生労働省の賃金構造基本統計調査（賃金センサス）がくわしく調査している。従業員の中で会社がもっとも重視しているのは大学卒の男性である。大会社の四〇～四四歳の大卒男性では、そのほとんどが定期採用されたと思われる勤続年数二〇～二四年の者の「所定内給与」を一

○○とすると、中途採用者である勤続年数一〇〜一四年の者は八八・二、勤続年数五〜九年の者は八二・三である（二〇一五年調査、民営事業所、製造業、企業規模一〇〇〇人以上）。中途採用者の給与が定期採用者よりも低いことが統計的に実証されている。

私は中途採用という言葉を使うことは望ましくないと思っている。しかしすでに完全に定着しているこの言葉を別の言葉に置き換えることは困難である。そのためやむをえず、私も中途採用という言葉を使うこととする。

ウソがまかり通る定期採用の世界

会社にとっても求職者にとっても、採用の王道は定期採用である。一九九〇年代初頭にバブルが崩壊してから、会社は即戦力を求めて中途採用を増やしている、と報道されている。たしかにそうした傾向は強まっているが、今なお、しかるべき会社は定期採用をもっとも重視している。求職者にとっても、ヘッドハンティングのような場合を除くと、しかるべき会社に就職できる可能性が一番大きいのは定期採用されることである。そこで定期採用についてくわしく検討しよう。定期採用といっても、大卒と高卒とでは選考のプロセスや基準が異なっている。ここでは、以下、大卒の定期採用のみを取り上げる。

定期採用の世界は、おだやかに言えば、建前と実態が食い違っている世界である。強い言葉で言えば、ウソがまかり通っている世界である。

採用スケジュール

まず採用の時期の問題がある。二〇一七年度に入社する大学卒業予定者・大学院修士課程修了予定者の採用選考について、日本経済団体連合会（経団連）は二〇一五年一二月七日付で「採用選考に関する指針」を発表した。それによれば、「学生が本分である学業に専念する十分な時間を確保するため、採用選考活動については、以下で示す開始時期より早期に行うことは厳に慎む」とされている。「広報活動：卒業・修了年度に入る直前の三月一日以降　選考活動：卒業・修了年度の六月一日以降」で、「正式な内定日は、卒業・修了年度の一〇月一日以降とする」ということであった。

いったい、だれがこのスケジュールを信じているというのであろうか。私が勤務していた大学のキャリア形成支援センター（学生の就職活動をサポートする部署）は、この指針が出された後、就職活動をする学生が誤解しないように、警告の掲示を出した。「「六月より選考開始」とあるが、実質的に六月早々に内定（最終合格）を出す企業も多いことが予想されます。（中略）キャリアセンターに来室される企業からのヒアリングにおいても、実質的に三月より採用試験を計画されていることがわかっています」。

大学は、経団連の「採用選考に関する指針」をまったく信用していない。信用しないのも当然である。リクルートキャリア就職みらい研究所は、大学生の就職内定情況を調べてホームページで公表している。それによれば、経団連の「指針」ではこれから選考活動がはじまるはずの二〇一六年六月一日時点で、就職希望大学生の五二・四パーセントは内定をもらっていた。経団連に加盟している会社でも経団連の「指針」を守っていない。

経団連の「指針」が守られないのは、なにも二〇一七年卒者にたいしてだけではない。これまで経団連の「指針」が守られたことは一度としてない。経団連が「採用選考に関する指針」を発表するようになったのは二〇一三年からである。それ以前は「倫理憲章」といっていた。もちろん「倫理憲章」も守られなかった。守られないことがわかっているステートメントを「倫理憲章」と呼んでいたことは、ブラック・ユーモアのつもりだったのだろうか。

「初任給」

定期採用する会社は、「初任給」を発表する。東洋経済新報社が毎年発行している『就職四季報』二〇一七年版総合版でみると、三大メガバンク（三菱東京UFJ銀行・三井住友銀行・みずほフィナンシャルグループ）の大卒総合職の「初任給」はいずれも二〇万五〇〇〇円である。大学院修士卒総合職についても、三大メガバンクはいずれも二三万円となっている。別の産業を見ても、たとえば大手電機メーカー（日立製作所、東芝、NEC、三菱電機、パナソニック）は大卒総合職二〇万九〇〇〇円、修士卒総合職二三万三〇〇〇円で、ぴったりと足並みがそろっている。

これは変である。一口に「賃金」といっても、それぞれの会社の「賃金」はさまざまな賃金項目から成り立っている。それぞれの賃金項目の名称やウエイトは会社ごとに大きく異なる。新入社員の給与もそれぞれの会社の賃金体系が適用されるはずである。三大メガバンクにおいても大手電機メーカーにおいても、それぞれの会社の賃金項目は異なっており、賃金項目ごとの額を足したものがぴったりと一致するはずがない。

それにもかかわらず完全に一致した初任給が表示されるということは、次の二つのことを意味している。①公表された初任給はフィクションで、実際に支払われる「初任給」ではない。いい加減な数字である。②業界の同格の会社が談合をしたうえで「初任給」を発表している。事前の話し合いなくして、ぴったりと一致した「初任給」が、しかも毎年、成立するはずがない。

「初任給」の額が同じ業界の類似した規模の会社においてぴったりと一致するのは、決して最近の現象ではない。一九八〇年の例を取れば、関東の主要な電機メーカーである日立製作所、東京芝浦電気、三菱電機、富士通のいずれも大学卒男子事務で一一万一〇〇〇円であった。関西では松下電器産業、シャープ、三洋電機が一一万三〇〇〇円であった（『労政時報』一九八〇年六月一三日）。この当時、電機メーカーの給与は西高東低といわれており、関西系メーカーが「初任給」でも少し高かった。関東圏と関西圏の電機メーカーは、それぞれの地域において統一的な「初任給」を発表していた。

そもそも、「初任給」とは何であろうか。話を具体的にするために、一九八〇年代の日立製作所を取り上げよう。日立製作所の賃金は、「基準内賃金」と「基準外賃金」からなっていた。基準外賃金は時間外勤務手当、変則勤務手当などの諸手当である。基準内賃金は「基本給」「加給」「職務級」「特別賃率」「扶養地域手当」「営業手当」からなっていた。このそれぞれの賃金項目がどのようなものであるのかの説明は省略する（知りたい場合は、徳永・杉本編［一九九〇］参照）。日立製作所が「初任給」として発表した数字は、これらの賃金項目のうちどれをさしていたのであろうか。基準外賃金と基準内賃金を含むものだったのであろうか。基準内賃金だけを表示したのであろうか。基準内賃金だとしても、扶養地域手当や営業手当などは含んでいたのであろうか、それとも含んでいなかったのであろうか。

『就職四季報』の説明では、表示されている「初任給」は「基本給」である、とのことである。しかし、「初任給」は「基本給」を指しているといったところで、「初任給」の内容が明確になるわけではない。「基本給」という概念自体、きわめて不明確で、どのような賃金項目を含んでいるのかわからないからである（野村［二〇〇七］補論4－3参照）。

学歴フィルター

現在、いずれの企業においても、出身大学にもとづく差別的扱いはないことになっている。それが建前にすぎないことは、就職活動をおこなっている学生の常識である。

かつて人気企業は指定校制度を実施していた。会社が指定した特定の大学・学部の学生のみがその会社に応募することができた。指定外の大学・学部の学生は門前払いであった。

高度成長期の一九六六年に、『読売新聞』が指定校制度の広がりについて東京証券取引所第一部上場会社一九〇社へアンケート調査をおこなった。「新入社員の採用にあたってなんらかの形で指定校制度をとっている」と答えた会社は一六九社（八八・九パーセント）、「とくに指定したことがない」会社は一二社（六・三パーセント）、残りは無回答であった。「わが国を代表する一流企業」のほぼすべてが指定校制度をとっていた（「強まる有名校主義　一流会社の就職調査」『読売新聞』一九六六年六月二一日夕刊）。この時点では指定校制度にたいする社会的批判がほとんどなかったので、会社が正直に答えたのであろう。

一九七〇年代後半になると、指定校制度は、多くの学生から就職機会を奪う差別だとして、社会的に非難されるようになった。国会でも取り上げられ、強く批判された。こうした世論を見て、労働省や文部省は、企業に指定校制度の廃止を要請した。その当時に経済四団体と呼ばれていた有力な四つの経済団体（経済団体連合会、日本経営者団体連盟、日本商工会議所、経済同友会）も連名で、約一一万の加盟企業に「新規大学卒業生の就職受験機会について」と題する文書を送付し、指定校制度について改善を要請した。しかしそれは、指定校制度の廃止を求めるものではなかった。「ある企業がこれまで通り限定した大学に求人票を送ることはやむを得ないが、それ以外の大学の卒業生が入社試験を受けに来た場合も、これを受け入れる、いわゆる選定校制度採用方針をとっていることを「明確にしてほしい」と要請する内容」で、指定校制度の緩和を要請するものであった（「指定校から選定校へ」『読売新聞』一九七七年八月二一日朝刊）。

一九七〇年代後半に指定校制度が政府やマスコミによって厳しく批判されたため、それ以後、指定校制度を採用していると明言する会社はほとんどなくなった。しかしそのことは、特定の大学からのみ、あるいは特定の大学を優先して学生を採用することがなくなったことを意味していない。多くの企業がおこなうようになった新たな採用方法は、リクルーターの組織化であった。たとえばA大学の学生を採用したい会社は、A大学出身の若手従業員をリクルーターに任命し、研究室・ゼミ・サークルの後輩たちと接触させる。リクルーターの権限は会社によって異なっている。事実上の一次面接をおこなう場合もあれば、たんに学生の事前評価をおこなうにすぎない場合もある。いずれにせよ、リクルーターを通じて会社と特定の大学の学生との間にパイプがつながり、優先的な採用が可能となる。学生が自発的にOB・OG訪問する場合、そのOB・OGがリクルーター的な役割を果たす場合もある。

二〇〇〇年代になると、「学歴フィルター」という言葉が学生によって使われるようになった。今日では、その言葉は就職活動関係者のあいだで普通に使われる言葉となっている。会社が大学を格づけし、格にしたがって学生を有利に、あるいは不利に扱うことを意味する。学歴フィルターは就職活動のさまざまな段階において使われている。エントリーシート（変な日本語で、応募書類を意味する）を提出した後、格の低い大学の学生が学歴フィルターによって一律に足切りされる場合がある。あるいは会社説明会において、会社が格の高い大学の学生に優先的に座席を提供し、その大学の学生であれば誰でも説明会に出席できるようにし、それ以外の大学の学生には座席数を限定することによって会社説明会への出席者を制限する。

たしかに一時期、人気のある会社・有名会社が、それまで採用実績のない大学から学生を採用したこともある。高度成長期末期（一九七〇年前後）やバブル景気（一九八〇年代後半）の時である。いずれの時期も圧倒的な売り手市場で、新規学卒者の計画通りの採用がむずかしくなった大会社は、それまで採用していた特定の大学だけでなく、人事担当者の言葉では「これまでであればおよそ考えられない大学」からも採用した。

高度成長期末期の大量採用は、一九七〇年代後半から八〇年代にかけて日本経済が、それとともに日本の会社が成長を続けることができたので、会社は、大きな困難もなく、彼らに適当な処遇を与えることができた。また、当時はまだ大学の数も今ほど多くはなく、大学進学率も今ほど高くなかった。そのため、いわゆる無名大学であっても卒業生の基礎学力はある程度あった。

しかしバブル景気の時に採用された「バブル入社組」は、その後、会社の頭痛のタネになった。日本経済の「失われた二〇年」のもとで企業成長も停滞し、大量のバブル入社組に適当な中間管理職を用意することが困難になった。そのうえ、バブル入社組には、会社から見て、質的にも中間管理職や専門職に任命することが不適当と思われる人物が少なくなかった。今日、大会社が学校歴を重視、つまり学歴フィルターをかけているのは、インターネットでの応募が大量応募につながり、応募者個々人をていねいに審査する余裕がなくなったことと並んで、バブル入社組にこりたという事情が作用している。

採用差別

日本では採用差別が横行している。もっといえば、採用差別が当たり前のこととしておこなわれている。このようにいえば、それは言い過ぎではないか、一部に採用差別があることはたしかだが、あくまでも一部にとどまっている、という反論が返ってくるであろう。

採用差別が当たり前のこととしておこなわれている、という判断は、先進国の基準にもとづいている。それにたいして、採用差別は一部にとどまっているという反論は、日本の基準にもとづいている。つまり先進国の基準によれば採用差別と判定されることが、日本では採用差別と思われていないのである。

話を具体的にするために、アメリカを見よう。アメリカにおいては雇用差別を禁止する法律が連邦と各州にある。さらに裁判所の判例や雇用機会均等委員会（ＥＥＯＣ）の判断が積み重ねられて採用差別・雇用差別の概念が固められてきた。

アメリカのイリノイ州で面接において「してよい質問」と「好ましくない質問」をまとめたものが表１－１である。「好ましくない質問」とは、そういう質問をすると、不採用となった応募者から採用差別として訴えられる可能性が大きいということである。たとえば応募者の年齢を質問した場合、不採用の本当の理由が経験不足や知識不足によるとしても、不採用となった応募者から、年齢を理由として不採用となったとして年齢差別の訴えを起こされる可能性が大きい、ということである。採用差別と判定されると、会社は莫大な違反金を支払うことになる。

表を一瞥するだけで、日本における普通の履歴書がアメリカでは典型的な採用差別にあたることがわかる。日本の履歴書は写真の添付を要求する。生年月日を書くことは当然である。学校歴についても高等学校や大学の学部学科にいたるまで詳細に記入する。どのようなクラブや団体で活動したのかも記入する。家族構成について記すこともひろくおこなわれている。また採用試験の前に健康診断書の提出を要求されることもある。これらすべてはイリノイ州の基準では採用差別として問題になる。アメリカにおいては、会社が質問してよいことは、応募者が仕事に必要な経験・知識・能力を有しているかどうかを確認する質問のみである。生年月日や家族構成などは仕事に必要な経験・知識・能力とは関係ない。日本の会社は仕事とは関係のない個人情報を包括的に収集し、それを当然のことと思っている。

いずれの国においても採用差別があった。採用差別をなくすためには、企業の採用活動にたいする法律や行政の介入が必要である。しかし日本国は採用差別をなくそうとは考えていない。そのことを端的に示しているのが、国際労働機関（ＩＬＯ）条約第一一一号の批准問題である。条約第一一一号は「雇用及び職業についての差別待遇に関する条約」と呼ばれている。その第一条は「差別待遇」を「人種、皮膚の色、性、宗教、政治的見解、国民的出身又は社会的出身に基いて行われるすべての差別、除外又は優先で、雇用又は職業における機会又は待遇の均等を破り又は害する結果となるもの」と規定し、第二条は、「雇用及び職業についての差別待遇を除去するために、国内の事情及び慣行に適した方法により雇用又は職業についての機会及び待遇の均等を促進することを目的とする国家の方針を明らかにし、かつ、これに従うことを約束する」としている（訳文はＩＬＯ駐日事務所による）。一九五八年に制定されたこの第一一一号を、日本は今にいたるも批准していない。日本国は採用差別・

表1-1　面接のべからず集（アメリカ・イリノイ州）

項　　目	してよい質問	好ましくない質問
氏名	当社に別名で勤めたことがあるかどうか聞く。 経歴照会をするうえで知っておいた方がよい別名などの有無を聞く。	結婚前の旧姓を聞く。 別名で働いたことがあればその名前と勤務期間を聞く。
住所	住所を尋ねる。 現住所にどのくらい住んでいるか聞く。	借家か持ち家か聞く。
生年月日と年齢	18歳以上かどうか聞く。 18歳未満であれば，採用後労働許可証を出せるかどうか聞く。 採用されたら18歳以上であることを証明する書類があるかどうか聞く。	生年月日や年齢を聞く。 年齢を推定させるような誘導的な質問。
出生地	なし	応募者の出生地を聞く。 応募者の両親・配偶者の出生地を聞く。
国籍・出身地	米国で合法的に働けるかどうか聞く。 米国で労働してもよいことを証明する資料の提出を求めることを伝える。	応募者や両親，配偶者，先祖の国籍や出身国を聞く。 母国語を聞く。 どこの国民か聞いたり，米国に帰化したかどうか聞く。
人種・肌の色	なし	人種・肌の色に関する質問はしない。
婚姻・家庭状況	当社に勤務している親戚がいれば，その氏名を聞く。	未婚・既婚について聞く。 別居・離婚について聞く。 配偶者の氏名や職業を聞く。 子供の有無や年齢を聞く。 誰と同居しているかを聞く。
身体的特徴	応募している職業の遂行に困難をきたすような身体・精神・医療上の障害の有無を聞く。 採用後，健康診断をするのであればそのことを述べる。	身体障害があるかどうか聞く。 労災を受けたことがあるかどうか聞く。 医療・健康状態について聞く。
宗教・信条	勤務時間や週末に残業があることを説明する。	所属している教会・宗派を聞く。 宗教上で働けない祝祭日があるかどうか聞く。

言語	応募者が流暢に読み書きできる言語を聞く。	母国語を聞く。 家庭で使う言語を聞く。
教育	応募している職種に関連のある学歴や学校名について聞く。	学校の卒業年月日を聞く。
逮捕歴	重罪で有罪判決を受けたことがあるかどうか聞く。 (有罪判決を受けていてもその応募している職務との密接な関連がない限り，有罪判決を理由に採用の拒否はできない)	逮捕歴を聞く，逮捕の回数や理由を聞く。
組織・団体	応募している職種に関連のあるクラブや団体に加盟していれば聞く。 (人種・宗教・出身国や家系を暗示するものは除いてよいと伝える)	応募者が属しているクラブや団体名を聞く。
写真	採用後，写真が必要であればその旨伝える。	応募用紙に写真を添付するよう求めてはいけない。
軍隊経歴	軍隊で修得した技能や経験と応募している職種に関連がある範囲での質問は可。	除隊歴について聞く。

出所：酒井［1991］14-15。

雇用差別を是正する意思がないことを世界に表明している。

採用差別のための調査として身元調査がある。現在、身元調査をおこなっている会社がどの程度に上るのか、不明である。身元調査をおこなっている会社は、後ろめたさを感じているので、決してその事実を公表しない。かつては身元調査は公然とおこなわれており、就職関係者には当たり前のこととして受け取られていた。明治大学就職課（［一九六四］『就職要覧』八六－八七）は学生に次のように警告していた。

「身体検査にも異常がなければいよいよ合格かというとそうではない。諸君の受験行為はいっさい終わったが、実はまだ身元調査が残っている。会社では直接社の人を使ったり、興信所に依頼したりして、受験者の素行、思想、家庭の事情などをひそかに調査する。諸君の下宿先や周辺の風評なども調べられるし、必ず就職課へも訪れて来て、なかなか詳しい調査をして帰る。会社ではこの報告をまって、はじめて最終的に採用を決定し、受験者や大学へ採用内定の通知状を発送することになるのである」。

この記述によれば、大学は身元調査に協力していた。大学の就職課がどのように答えていたのか、残念ながらわからない。就職課にしてみれば、一方ではできるだけ多くの学生を就職させなければ、という至上命令と、他方ではウソをついてばれた場合、その会社から求人情報が来なくなるのではないか、という怖れとが入りまじって、複雑な気持ちではなかったかと想像される。

多額のコストがかかるにもかかわらず会社が身元調査をおこなうのは、会社から見て不適当な人物を採用したくないからである。一九七〇年代前半までの時期においては、不適当の人物として会社がもっとも重視していたのは、学生運動家であった。この点について著名な裁判がある。三菱樹脂事件である。

一九六三年三月に東北大学法学部を卒業した高野達男さんは、定期採用で三菱樹脂に就職した。三ヶ月間の見習い期間がもうじき終わるというころ、会社から、本採用しないと通告された。学生運動経験を隠していたなどが理由とされた。高野氏は解雇無効を主張して裁判所に提訴した。東京地裁、東京高裁で勝訴したが、会社は上告した。最高裁大法廷は、高野勝訴の二審判決を破棄、差し戻しを言い渡した。最高裁大法廷は、企業が特定の思想・信条を理由として採用を拒否しても違法ではない、求職者の思想・信条を調査したり申告を求めたりしても違法ではない、と言い渡した（高野不当解雇撤回対策会議編［一九七七］）。

日本という国は、外に向かってはＩＬＯ条約第一一一号を批准しないという形で、内に向かっては三菱樹脂事件の最高裁大法廷判決という形で、会社は採用差別をおこなってよい、と公に宣言している。日本は採用差別を公認している唯一の先進国である。

過剰な自己ＰＲの強要

学生の就職活動は略して「就活」とよばれている。「シューカツ」とカタカナで表記されることもある。ごく一部の恵まれた学生を別として、就活は学生にとって苛酷なものである。数多くの会社説明会に出席し、エントリーシートを書く。エントリーシートにおいても、リクルーター面接や個人面接・集団面接などにおいてもたえず、他の応募者にまさる自己の特徴を強調しなければならない。特別な経歴を持った例外的学生ならばともかく、普通の二二歳や二三歳の学生に、誇るべき特徴などあるはずがない。それにもかかわらず、学生は過剰な自己ＰＲを強要される。そのあげくに、不採用通知が届く。それも一通や二通ではなく、何通も続けて届く。学生が会社によって自分の人格が否定されたと感じるのも当然である。多くの学生が気落ちし、就活うつになる。自殺に追い込まれる学生もいる（森岡［二〇一一］）。

現在の就活の苛酷さは、就活をおこなう本人にしかわからない。しかしその一端であれば、だれでも簡単に試すことができる。インターネットで「就活、自己分析、自己ＰＲ」で検索すれば、自己分析や自己PRをするためのシートがいくらでも見つかる。それで実際に自己分析・自己PRをおこなえばいい。私も試みたことがある。自己分析シートでは、過去の自分、現在の自分、心に残ったこと、影響を受けた人、自分の強み、自分の弱み、性格などじつに多くの項目を記入しなければならない。とてもではないが、空欄すべてを埋めるだけの材料は、私にはなかった。しかし就活学生は材料がなくても空欄を埋めなければならない。それができないと、すでに就活のスタートから、自分は他の学生よりも劣っているのではないか、という負け犬のような気持ちにさせられる。

就活をおこなった女性が卒業論文として就活のつらさを分析し、本として出版した。在学中の就活に失敗すると一生よい就職先を見つけることができなくなるという不安、大量応募による過密なスケジュール、極度に高い競争倍率のため落ちるのが当たり前の選考、採用基準のあいまいさ、何通も何通も届く不合格通知、社会や職業について何もわからないにもかかわらず強制される自己分析と自己PR、就活で演じる自己と本来の自意識との葛藤、必要な情報の不足による不安・緊張や孤立感、自分の内定がきまらない時に友人・知人が内定をとれた場合の落ち込み・焦り・自己否定などである。そして彼女は次のように結論づけた。

「いわば就活生は、選考中も移動中も在宅中も、身体も精神も思考も人間関係も、自身のすべてを就活に投じて、評価されることを強いられている。こうした状況で、結果として不合格を突きつけられることがどれほどの傷をもたらすかは計り知れない」（双木［二〇一五］一三二）。

現在のような就活のあり方には根本的な問題がある。しかし、就活のあり方を変えることはきわめて困難である。問題が、定期採用の本質、採用方法の形式的民主化、現代的テクノロジーの普及、バブル崩壊後の社会思想の変化という複合的要因に起因しているからである。

一九九〇年代以降のいっそうの苛酷化

就職活動は、いつの時代でも、学生を心理的に圧迫するものである。歴史上、たしかに売り手市場の時代があった。高度成長期後期（一九六〇年代後半から七〇年代初）やバブル景気（一九八〇年代後半）の時である。しかしそのような売り手市場の時期でも、希望する会社に入社することができたのは、いわゆる有名大学の学生であった。そうでない大学の学生は、就職活動はやはりつらいものであった。有名大学の学生にしても、採用試験という試験がある以上、緊張を強いられた。さらにまた、さまざまな個人的事情を心配しなければいけない。たとえば、学生運動の経験がばれるのではないか、とか、家庭の事情——日本の会社は「家庭の事情」に敏感である——とかである。

就職活動は、いつの時代でも、学生を心理的に圧迫する。とはいえ、現在の就職活動はかつてよりも格段に苛酷なものになっている。一九九〇年代に、今日の苛酷な就職活動につながる変化が起きた。

第一に、バブル崩壊後の日本経済の停滞である。就職状況は、バブル期の売り手市場から買い手市場に一転した。「就職氷河期」という言葉も生まれた。買い手市場になれば学生の就職活動が厳しくなるのは当然である。リクルートワークス研究所が発表している大学生・大学院生対象の大卒求人倍率によれば、バブル期最後の一九九一年三月卒者については二・八六倍であった。しかし二〇〇〇年三月卒者は〇・九九倍と、一を切ってしまった。

リクルートワークス研究所の大卒求人倍率は、（求人倍率＝求人総数÷民間企業就職希望者数）として計算されている。求人総数の中には、学生のだれもが就職したくないと思うような会社からの求人も含まれている。また、学生が就職を希望する業種と、求人をおこなう業種とがずれている場合がある。企業規模についても、学生の大多数が大企業を希望するにもかかわらず、多くの求人が中小企業からなされる場合もある。さらに、企業の側から見て、応募してきた学生がその会社の採用したい人物とは限らない。こうしたミスマッチのため、求人倍率が一であっても、就職希望者の全員が就職するわけではない。

つけくわえておけば、大卒求人倍率は二〇一五年三月卒者から急速に改善し、二〇一七年卒者については、一・七四倍である。もちろん、改善したといっても、学生の大半が希望どおりに就職できているわけではない。

第二に、テクノロジーの発達があった。会社への応募がインターネットを通じておこなわれるようになった。このような応募手段は誰でも何社でも応募できることを意味した。

一九七〇年代までは指定校制度という形で会社は応募者を制限していた。しかし七〇年代後半に指定校制度が社会的に厳しく批判され、会社は公式には指定校制度を廃止したことになり、形式的にはすべての大学の学生が有名会社に応募できるようになった。

他方で大学生の数が急増した。一九九一年に大学設置基準が緩和され、大学の設立ラッシュとなった。その結果、一九八九年に約三七万七〇〇〇人であった大学卒業生は、二〇〇九年には約五六万人と一・五倍になった（学校基本調査）。大学卒業生の急増は就職希望者の急増でもある。

そこにインターネットを通じた応募が登場した。学生はインターネット応募で何社でも応募できるようになった。そのため、人気企業では応募者が一万人を超えるようになった。人気企業では採用内定を獲得できるのは応募者二〇〇人に一人、三〇〇人に一人、場合によっては五〇〇人に一人という極端な競争倍率が見られるようになった。競争倍率が高いということは、学生側から見れば、何度も採用試験に落ちるということを意味する。何度も落ちることの精神的ダメージは大きい。はたして就職できるのであろうか、という不安もますます増大する。

第三に、社会風潮が変化した。一つは「自分探し」、もう一つは「自己責任」である。その二つが就活に合流した。

現在の自分とは違う「本当の自分」がどこかにあるはずだ、という「自分探し」は、一九九〇年代に広がった。現在の自分とは違う「本当の自分」がどこかにあるはずだ、という発想が若者をとらえるようになった理由は、ここでは問わない。家族、学校、地域の変容が関係していることは明らかである。自分探しは、自分の内面を見つめつづけることであり、自分の存在価値に不安をいだきつづけることである。

社会風潮のもう一つの変化は、自己責任の強調である。もともと相互依存で成り立っていた日本社会の人間関係において、自己責任が強調されるようになったきっかけは、バブル崩壊後に明らかになった証券会社と大口顧客との不明朗な関係であった。証券会社は、「営業特金」「にぎり」「飛ばし」など、いかがわしい取引きをおこなっていた。バブル崩壊後、そのことが明らかになった。

証券会社の一連の不祥事で自己責任と関係したのは、大口顧客にたいする損失補塡であった。株価の暴落にたいして、証券会社は大口顧客にたいしてだけ損失を補塡した。大口顧客にたいしてだけ損失を補塡することへの批判としては、小口顧客も含めて全顧客に損失補塡せよ、という論理もありうる。しかしそうした要求はでなかった。大口顧客への損失補塡をやめよ、という批判がわきおこった。株への投資で損が出た場合、それは投資家の自己責任だ、というわけである。このような論理は社会的に受け入れやすいものであった。投資で得をするのも損をするのも自己責任である、というのはきわめて常識的なことだからである。証券会社の不祥事に関係して、マスコミは「自己責任」という言葉を多用するようになった（種村［二〇〇五］）。

しかし権力をもつ人々はすぐに、「自己責任」という言葉がきわめて便利な言葉であることに気づいた。現状において不利な状況、困難な状況に置かれている人たちにたいし、そのような状況に置かれているのは自己責任だ、として責任をすべて困難な状況にある本人に押しつけることができる。経済的に困窮している。それは自己責任だ。経済格差が拡大している。それは底辺にいる人間の自己責任だ。学校でいじめを受けている。それはいじめられている本人の自己責任だ。こういう論理によって、権力、財産力、影響力をもつ人々の責任はすべて解除される。

一九九〇年代に、自分探しと自己責任の流れに就活が合流した。そして就活がそれ以前に比べて精神的にはるかに厳しいものとなった。

就活する学生にアドバイスする就職情報誌『就職ジャーナル』は、就職環境が急速に悪化していく一九九〇年代に自己分析の重要度を強調するようになった。就職氷河期がはじまった一九九三年から九五年にかけて、面接対策のツールとして「自己分析」が登場した。その目的は、自己の優位性を立証しうるエピソードを発見することであった。自己分析は、最初は「ありのままの私」を見いだすことであった。しかし次第に、「ありのままの私」を見いだすための自己分析は、「本当の自分」を探すための自己分析へと展開していった（香川［二〇一〇］）。

就活における自己分析のこうした展開は、自分探しを続ける若者の志向にぴったりと重なるものであった。就活は自分探しだ、という言説がまかり通るようになった。就活で要求される自己ＰＲは、「本当の自分」のＰＲであり、「本当の自分」が会社の役に立つことをアピールするものでなければならない。

しかし採用・就職活動はしょせんはビジネスのはずである。ビジネスの場では、仕事ができることを示せばよいはずである。会社が求職者に「本当の自分」を示せと要求することも、求職者が「本当の自分」を会社にさらけださねばならないと思い込むことも、異様なことである。

それだけではない。「本当の自分」を見せたうえですんなりと採用されるならばまだ問題はそれほど大きくない。しかし採用が決まるまでに何度も何度も選考に落とされる。それは、学生から見れば、

「本当の自分」が無価値な存在だと宣言されたことになる。しかもそこに「自己責任」が加わる。学生は、こんな短い時間で会社が自分を正確に評価できるはずがない、などとは考えない。「自己責任」の考え方から、責任はすべて自分にある、と自分を責める。精神的ダメージははかり知れない。自分探しと自己責任によって、就職活動は学生にとって以前よりもはるかに精神的ダメージをもたらすものとなっている。

身元保証という江戸時代からの悪習

多くの会社は、従業員を採用する時、従業員に身元保証人を要求する。身元保証人を立てないと就職が取り消される恐れがある。身元保証人は、その社員の債務不履行や不法行為などから生ずる損害賠償債務を保証する。身元保証書は「本人の身上に関しては一切引き受け、貴社に対してはいささかもご迷惑をおかけしない」というような文言を含んでいる。身元保証人の責任は無限大である。

身元保証人に無制限の責任を負わせる身元保証制度は、江戸時代の人請《ひとうけ》制度に由来している。江戸時代、奉公人は請人《うけにん》をたてた。請人は奉公人が逃亡した場合、その奉公人を探し出し、主人に引き渡す義務があった。奉公人が横領をした場合、請人は損害を賠償しなければならなかった。

明治以降、身元保証は法規によるものから私法上の契約に変わった。私法上の契約に変わったからといって、身元保証人の責任が限定的なものになったわけではない。身元保証制度が前近代的で苛酷であったため、第四四回帝国議会（一九一〇〜一一年）にそれを制限するための法案が提出された。しかし成立は難航し、「身元保証ニ関スル法律」が公布されたのは、一九三三年になってからであった。現在でも有効なこの法律は、身元保証の期間を制限するなど身元保証人の責任をそれ以前に比べると制限している。しかし身元保証人制度が会社に一方的に有利で、身元保証人に重い責任を課している点はそれ以前と同じである。身元保証人制度は本質的に前近代的な観念に由来するもので、近代的な契約観念にもとづいていない（西村［一九六五］）。

どのくらいの会社が身元保証人を要求しているのかを調べた官庁統計はない。しかし西村信雄による一九三六年と一九六三年の調査、能登真規子による二〇一二年の調査によれば、身元保証人をとる会社は、一九三六年調査では回答した会社の九二・一パーセント（一二九社）、一九六三年調査では九四・〇パーセント（六六三社）で、ほとんどの会社が身元保証人を要求していた。二〇一二年調査では七四・八パーセント（六八七社）であった（能登［二〇一四／一五］）。かつてよりは少なくなったとはいえ、現在でも七五パーセントもの会社が前近代的な身元保証人を要求している。

定期採用の本質

定期採用では、大学における専門教育は軽視あるいはほとんど無視されている。定期採用においては、在学中の学生を審査し、内定を出す。大学における専門教育をきちんと評価しようとするならば、大学における教育が終わった後で、つまり卒業が決まった後で採用試験をおこなうべきである。しかし戦後の定期採用においては、早い場合には大学三年生の時に、遅い場合でも四年生の秋に内定を出している。専門科目の教育が主としておこなわれるのは三年生と四年生の時である。採用内定がおこなわれるのは四年生の成績が確定する前であるので、四年生の教育については評価の対象外となっている。専門教育が軽視されている。

会社による大学の専門教育軽視と表裏一体になっているのは、定期採用における採用グループがきわめて大ざっぱにくくられていることである。通常は、文系（事務系）を何人、理系（技術系）を何人募集という形で募集要項が発表される。理系といっても、機械系、電子系、バイオ系などできわめて大きな違いがあり、さらにたとえば電子系のなかでも違いがある。同じように文系といっても文学、経済学、法学など専門ごとに大きな違いがある。理系については専攻領域がある程度は考慮されるが、事務系ではそれらの違いはほぼ完全に無視される。

大学における専門教育を軽視あるいは無視しているとすると、会社はどのような基準で応募学生を判断しているのであろうか。エントリーシート、筆記試験、面接試験などを通じてもっとも重視されているのはいわゆる「いい頭」、人柄、体力・根性である。

「いい頭」というのは、あいまいな概念である。理解力、分析力、想像力、創造力、表現力などのどれか一つをさすこともあれば、それらすべてを総合的に含んで使用される場合もある。近年、「地《じ》頭《あたま》」という言葉がよく使われる。それは明確に定義された言葉ではないが、「いい頭」とほとんど同じ意味であろう。ただ地頭には生得的な能力というニュアンスがやや強いのであるが。

確率的に見ると、「いい頭」は難関大学の学生に多く、大学の入学難易度が下がるに従って「いい頭」が少なくなる、と考えられている。学歴フィルターがもちいられる理由である。

日本の会社が人柄を重視するのは、定期採用の歴史とともに古いといえる。一九二〇年代、安田財閥の持株会社である安田保善社は、どのような学生を採用したいのか、公にしていた。「当社が求めてゐる人」は、次のようであった（壽木［一九二九］八四）。

「①　私心を挿まず、明るみのある人
②　趣味豊かにして健康である人
③　自己の良心にも、且つ仕事にも責任を感ずる人
④　あらゆる事物に誠意を尽し、仕事に興味と熱とを持ち得る人
⑤　鞏固なる意志を有し如何なる誘惑にも負けぬ人
⑥　事の軽重を過らず、事件の落着点を機微の間にも明察し得る人
⑦　極端に走らず、心にバランスのとれてゐる人
⑧　自己を客観する余裕を有し相手の心事を敏速に洞察し得る人
⑨　意見あらば、躊躇することなく進言し得る真摯味を有する人
⑩　言動挙動の卑しからざる人
即ち、右の諸点を、なるべく多く具備してゐる人を当社は最も歓迎してゐる」。

徹頭徹尾、人柄のみを問題にしている。今日でも、日本の会社に、採用で重視することは何ですか、と問えば、コミュニケーション能力とかいろいろな項目を挙げるであろう。しかし本当のところはど

うですか、と詰め寄れば、人柄です、と答えるであろう。採用における人柄の重視は、日本の会社の歴史とともに古い。

定期採用において会社は文系何人、理系何人を採用予定、と発表する。こうした採用区分のほかに、少なからぬ会社が体育会系何名という目標を持っている。体育会系学生は体力と根性を持ち合わせていると思われている。さらに規律と責任感があり、命令に従順で、明るい性格であると考えられている。会社の好みにぴったりである。戦前の大学新聞・学生新聞にも、会社は運動部の学生を好んで採用する、という記事が頻繁に登場していた。それが今日まで連綿と続いている。この事実は、定期採用においてもっとも重要なのは人柄であることを傍証している。

内定を得て、精神的に、場合によっては金銭的にも肉体的にも負担の重い就活を終えた学生にとって、内定は、「内定をもらった」という気持ちになる。内定を勝ち取る、という表現もないではないが、やはり「内定をいただきました」「内定をもらいました」という言い方が普通であろう。いただくのである。内定にたいするお礼の手紙として、「貴社に貢献できる人材となれるよう学生時代の残りを過ごす所存です」と書くのは、半ば慣例、半ば本心である。もちろん、実際に残り少ない学生時代を会社に貢献するための勉強についやす学生は例外である。しかし、内定を出してくれた会社に貢献したいと思うようになるのは、自然である。会社と個人との関係は、こうした就職活動によって最初から圧倒的に会社優位ではじまる。

数多い学生の中には、何の苦労もなくいくつもの会社から内定を得ることのできる少数の学生がいる。こうした例外的な学生は、「この会社に来てやった」という意識を持つであろう。しかしそうした意識は、入社式とそれに続く新入社員研修によって粉砕される。

第二章　入社式と新入社員研修

入社式

定期採用で入社した新入社員がはじめに参加するセレモニーは入社式である。入社式は日本独特の行事である。入社式というようなものがないヨーロッパにおいては、「入社式」に相当する単語がない。入社式は、定期採用の慣行とセットになっている。ある人は四月一日に、次の人は四月二五日に、というようにバラバラに入社してくるのであれば、入社式は成立しない。新規学卒者が四月はじめに一斉に採用されるので、入社式が成立する。

引野・長野［一九八二］『日本的経営を説明するための辞書』という辞書がある。日本の会社に独特の言葉を含め、日本的経営に関係する言葉を、英語を母国語とする研究者やジャーナリストが書いている英文を引用して説明している。とても便利で、日本の会社について英語論文を書こうとするときに不可欠の辞書である。その辞書が入社式については、「きわめて日本的な慣行なので、「入社式」にそのまま相当する英語はない」、と匙を投げている。「したがって、説明的に訳すしか方法はない」として、「たとえば a ceremony to welcome new employees、a ceremony to introduce the new workers などが考えられる」としている。苦心のほどはよくわかるが、このような訳語で日本の入社式のイメージが伝わることはないであろう。

まず、日本の大会社が四月はじめに入社式をおこなうということが理解されないであろう。広い部屋に、多い場合には何百人もの新入社員が整然と並び、壇上には社長をはじめ役員全員が顔をそろえる。壇上の全員が会社の作業服を着用する場合もあれば、落ち着いた色の背広などを着る場合もある。新入社員は全員が学校を卒業したばかりで、もちろん中高年は一人もいない。男性社員は男性社員として、女性社員は女性社員としてほぼ同じようなスーツスタイルの服装である。色は無地の黒やグレー・紺というのが定番である。入社式は、決められた手順と時間通りに、社長の講話、新入社員代表の決意表明などが整然と、かつ厳粛におこなわれる。

つけくわえておけば、一九六〇年代までは少なくない男性新入社員が学生服で入社式に参列した。しかし一九六〇年代末の大学闘争の影響で、大学において学生服を着る学生がいなくなってしまった。それにともなって、入社式での学生服も自然消滅した。

入社式にかんする研究はほとんどない。入社式がいつごろ、どのような形ではじまったのか、不明である。入社式は定期採用を前提としている。しかし定期採用があるからといって入社式がおこなわれるわけではない。入社式がおこなわれるようになったのはいつ頃からなのか、この点の確認は今後の課題である。

戦前の新入社員

入社式の目的の一つは、新規学卒者に、これから学生生活とはまったく異なる会社生活がはじまるぞ、と覚悟させることである。しかし、いかに厳粛におこなわれるとはいえ、入社式は一時間程度で終わる。これでは新入社員の覚悟を固めるのにまったく不十分である。そこで入社式に引き続き、新入社員教育・研修がおこなわれる。大会社の新入社員教育・研修は短くて数週間である。会社によっては一年あるいはそれ以上にも及ぶ場合がある。全員での研修が数週間で終わる場合でも、研修終了後、新入社員一人ひとりに先輩社員をつけ、指導に当たらせたりして、実質的に一年ほど指導する会社が多い。

新入社員研修について研究と呼べるものはない。新入社員研修の重点は技能形成や仕事の知識についてではないため、研究者の関心を引かなかったものと思われる。

新入社員研修がいつ頃からはじまったのか、わからない。戦前には現在のような新入社員研修は、なかったと思われる。

二〇〇四年に日本経済新聞社が『日本経済新聞』の「私の履歴書」シリーズのなかから経済人を選び、全三八巻で刊行した（日本経済新聞社編『私の履歴書　経済人』）。それに目を通すと、戦前に高等教育を終えた人の大半は、なんの新入社員研修もなく、いきなり職場に配属されている。

たとえば、東京帝国大学法学部を卒業した松沢卓二（後に富士銀行頭取）は、次のように回想している（第三一巻、二四-二五）。

「安田銀行には二十六人が合格した。（中略）入行初日の昭和十三年（一九三八年）四月一日の夕方、初任店の馬喰町支店へ向かった。子供のころ住んでいた蛎殻町からそれほど離れていないのに、「ばくろう」という地名も耳新しく、「どんなところだろう」と内心は心配だった。支店に着くと支店長の林道夫さんら三人の上司が応接室で迎えてくれた。「基礎を勉強してください」と丁寧に言い渡すと早速、夕食をごちそうしてくれた。（中略）翌日は朝九時前に出勤し銀行員生活の第一歩を始めた。問屋街の真ん中にあるのでかなり忙しく、行員も四十人と当時としては中堅規模の支店だった。命ぜられたのは出納係。ベテランの係長以下五人ほどの陣容で、鉄の格子で組んだ柵の中に入って現金の受け渡しをする仕事だ。先輩行員は皆、札の勘定もそろばんも正確で早い。新人の私はとてもそうはいかないから、店頭がこんでくると先輩から渡された札束を数え直さないで客に渡してしまう。すると係長に「松沢さん、数え直してください。いつまでたってもオリから出られませんよ」と目ざとく見付けられてしまう」。

新入社員が集合で研修を受けるケースもあったが、現在のような新入社員研修とは異なって、実習というべきものであった。

一九三三年に東京帝国大学経済学部を卒業して住友銀行に就職した伊部恭之助（後に住友銀行頭取）は、三月末に大阪で研修を受けた（第三四巻、一一二）。

「大阪での研修期間は約一ヵ月。毎日、ソロバンと練習用の模造の「お札」を持って、本店の研修室まで通った。研修自体はさしておもしろくもなかった。（中略）商業学校出身の人たちは、パチパチと手際良くソロバンをはじく。だが、私も彼も指が思うように動かない。二度はじいても計算結果が違っており、どちらが正しいかわからない。そこで三度はじいて二度合った数字がどうやら正しいと推測したりした」。

技術者の場合には、実習期間がもっと長い場合もあった。九州帝国大学工学部を卒業して一九三四年に三菱電機に入社した進藤貞和（後に三菱電機社長）の場合、「同期生は全部で十人。全員が見習として神戸製作所で一年間実習させられた」（第二四巻、二六八）。

戦前には、現在のような新入社員研修は見られず、研修期間がまったくないか、あるいは実習期間があったにすぎないようである。現在のような新入社員研修がはじまったのは、戦後の高度成長期だと思われるが、その確認は今後の課題である。

ドーアによる新入社員研修の観察

「現在のような新入社員研修」と書いたが、それがどのような内容かは説明しなかった。新入社員研修について研究と呼べるような研究はない。ただ、若干の例外がある。それは外国人研究者による観察である。

外国人研究者から見ると日本の新入社員研修はとても興味深いものである。日本の会社をつぶさに観察した二人の外国人研究者が、相当のページ数を割いて新入社員研修の様子を報告している。一人はイギリスの社会学者ドーア〔一九八七〕二六―四二）である。彼は一九六〇年代後半に日本とイギリスの代表的な電機会社について詳細な観察をおこなった。

イギリスの大手電機メーカーであったイングリッシュ・エレクトリック社（EE社）では、もちろん日本のような定期採用はおこなわれていない。したがって入社の日付はまちまちである。大卒者のうちもっとも有望な少数の者のみが本社によって採用され、それ以外の者は工場ごとに採用される。大卒者の訓練はあくまでも工場レベルの決定事項であり、費用も工場ごとの負担である。社内で生産工学の講義を受けることもあれば、大学でおこなわれる講義コースに送り込まれることもある。そうした講義が終わってから各自の工場で三ヶ月のあいだに自分たちだけで何かプロジェクトを計画し、実行することを命ぜられる。それが終わってから六ヶ月間、時には一八ヶ月ものあいだ、将来の活動分野ともっとも関連のありそうないくつかの仕事につく。仕事を覚えさせるのが研修の主たる内容なので、次に見る日立製作所とは異なって、会社の歴史とか会社の精神などにかんする研修はおざなりにすまされている。

日本の会社として取り上げられているのは日立製作所である。日立製作所では大卒の採用はすべて本社の仕事である。新入社員に二ヶ月の新入社員研修をおこなう。この研修コースには、工場の見学、会社の組織や歴史に関する講義、経営学や工業技術についての一般的な講義、などが含まれている。このコースについて説明した会社の文書によると、その目的は「大学新卒者に会社全体および各事業所の歴史を理解せしめることにある。さらに、各自の内に日立マンにふさわしい精神と態度を発展せしめ、また、技師や管理者としての専門的地位に関連した一定の基礎的知識および技術を教えると共に、人格および一般教養の発展に資することにある」。このような人格の涵養と態度の形成を進めていく過程で重要な役割を果たしているのが、「日立の指導精神」という一九五九年発行の啓蒙用文書と、もう一つは、かなり以前に作られた日立の社歌である。

「日立の指導精神」によれば、日立の第一の信条は「誠」である。「誠」が日立の名声の基礎をなしている。第二の信条は将来を見通した積極進取の精神である。各自にとり、自分の内に眠っている限りなき可能性を開発させ、知性を磨き、努力を倍加せしめるものは、まさにこの精神である。第三は和の精神である。日立は、これまで常に和の精神を至高のものとして尊重してきた。日立が日本で最大級の企業の一つになることができたのは、まさに各個人の意見を尊重し、その議を尽くさせ、一旦決定がなされると、協調協力して、共通のゴールに首尾よく到達するために努力したからである。

ドーアは、日立における新入社員研修においては「日立共同体の一員としてやっていけるよう同化していくことが、特に重要とみなされている」と指摘している。ＥＥ社の将来の仕事に対する予備訓練を中心とした新入社員訓練とは大きく異なっている。

ローレンによる新入社員研修の観察

ドーアよりももっとくわしく新入社員研修を観察したのは、アメリカの文化人類学者 Thomas

Rohlen である。名前を原語で表記したのは、どのようにカタカナ表記するのか、正確にはわからないからである。彼は一九六九年に日本語で新入社員研修について小さな論文（ロリーン［一九六九］）を発表した。その時には自分の名前を「トマス・ロリーン」と書いた。後に彼は日本の高校についても調査し、英語で本（Rohlen［1983］）を出版した。その本が日本語に翻訳されたとき（ローレン［一九八八］『日本の高校』）、著者は「トーマス・ローレン」と表記された。彼は日本語を理解できるので、「トーマス・ローレン」という表記を了承したことになる。おそらくこの訳本のせいで、彼は「トーマス・ローレン」と表記されるのが普通になった。そこで、私もここでは「トーマス・ローレン」と表記することにする。

ローレンは一九六八年から六九年の一一ヶ月にわたって、ある銀行を参与観察した。彼は調査対象を"Uedagin"と仮名で表記している。この銀行の匿名性を守るために、彼はこの銀行の概要説明もごく簡単にすませている。しかし、いかに簡単とはいえ、書かれているデータからこの銀行を特定することができる。しかし、ローレンが匿名性を守ろうとしているので、私もここでは「ウエダ銀行」と記すことにする。ただ、一つだけ指摘しておけば、「ウエダ銀行」はローレンが調査した時点では相互銀行、ただし大きな相互銀行であった。その後一九八四年に別の相互銀行を併合して普通銀行に転換し、さらに二〇〇四年、ある第二地銀を合併した。現在、大手地方銀行の一つである。

ローレンは「ウエダ銀行」の新入行員研修について、最初に日本語で小さな論文を発表した（ロリーン［一九六九］）。それから四年後、ローレンはアメリカ人類学会のジャーナルに「日本のある銀行における精神教育」と題する英語論文を発表した（Rohlen［1973］）。さらに翌年、彼は「ウエダ銀行」の観察を英語でモノグラフとして公刊し、新入行員研修を含めてホワイトカラーの生活を、入行式からはじまって日々の人間関係、クラブ活動、組合活動、寮や社宅などの付き合いを詳細に描いた（Rohlen［1974］）。新入行員研修に限定すれば、単行本よりも一九七三年の英語論文の方がくわしい。しかし単行本には論文では書かれていない情報もある。「ウエダ銀行」の新入行員研修にかんする以下の記述は、日本語論文、英語論文および単行本における記述をまとめたものである。単行本の日本語訳はないが、鷲見［二〇一六］が書評のような形で紹介している。

「ウエダ銀行」の新入行員研修

「ウエダ銀行」の一九六九年の従業員数は男性約二〇〇〇人、女性約一〇〇〇人であった。新入行員研修は男女別で、女性はわずか二週間の研修を受けるだけである。新入行員研修の男女別の二本立ては、女性を長期的な銀行メンバーと見ていないことを反映している。

ローレンが参加したのは、一二〇名の男性新入行員（大卒と高卒）の三ヶ月に及ぶ研修である。したがって、以下における「ウエダ銀行」の記述において「新入行員」と記している場合、男性新入行員のみを指している。

研修は週六日、一日の研修時間は一〇時間から一六時間というきわめてハードな集団生活である。この間の生活は一二人で構成される班単位の行動になる。

研修内容は大まかに区分すると精神教育（spiritual education）が三分の一、残り三分の二は今後の仕事のスキルを教えるものである。しかしローレンは、この教育内容の区分には注意が必要であると述べている。仕事のスキルといっても精神教育の観点が含まれているからである。ローレンが注目してくわしく報告するのはもちろん精神教育についてである。彼は精神教育の行事として五つを取り上げている。座禅、自衛隊入隊、"rotoo"、田舎の週末、行軍である。

(1)座禅。新入行員は教育期間中、臨済宗の禅寺に三度送られる。三回のうちもっとも長く徹底しておこなわれた座禅について、多くの新入行員が話していたのは、座禅の苦痛と食事のひどさについてである。座禅の研修が終わると、新入行員たちは口々に、研修のもっとも厳しい行事が終わったことにほっとしている、と語っていた。座禅の経験それ自体から何かを得たと言う研修生はほとんどいなかった。しかし、若い禅僧の厳しい戒律と献身に多くの研修生が強い印象を受けていた。

(2)自衛隊入隊。自衛隊には二回行く。最初は近くの陸上自衛隊の基地である。研修生たちは基地に向かうバスのなかではどのような訓練がおこなわれるのか、神経質になっていた。しかし訓練はきついものではなく、翌日、帰りのバスは、行くときと違って、大はしゃぎであった。

第二回目は海上自衛隊の江田島基地である。はじめに教育参考館館長から一時間の講義があった。講義は江田島における教育内容からはじまって、特攻隊員として死んでいった若者たちに話が及んだ。彼らは研修生たちとほとんど同じ年齢であった。館長は、差し迫る敗戦を知りながら死んでいった特攻隊員たちは日本の最良の若者であった、と述べて講義を終わった。研修生の全員が声を立てることなく涙ぐんでいた。江田島では、ボートを漕いだり、駆け足で山に登るなどの訓練をおこなった。

(3)"rotoo"。この行事は二日間にわたっておこなわれる。研修生は街に出かけて家を一軒ずつ訪問し、どのような仕事でもかまわないのでとにかく仕事をさせてください、とお願いする。報酬をもらうことは厳禁である。グループ行動は許されない。研修生は、かならず一人で行動するよう、強く言われている。さらに、仕事をさせてくれるようお願いするときに、自分が何者かを説明することや、そのようなお願いをする理由を説明することも禁止されている。名前を名乗り、仕事を与えてくれるようお願いするだけである。これでは訪問された側も困惑するのが当然で、何軒かで拒否された後にようやく仕事をさせてもらえるのが普通である。研修生たちは、仕事をさせてくれる家があるととてもうれしく思い、一生懸命働く。このような研修は、仕事の喜びは仕事の内容によって決まるのではなく、個々人が仕事に向き合う態度によって決まる、ということを会得させるためにおこなわれる。

ローレンはこの行事を、一九七三年英語論文では"rotoo"とローマ字表記し、単行本では"rotō"と表記している。しかしこのようなローマ字表記から日本語の単語を想起できる人は、ほとんどいないであろう。

ローレンは書いていないが、この行事はある修養団体の行である。一燈園は一九〇五年に求道者・西田天香（一八七二～一九六八）によって創立された。一燈園のさまざまな行の一つに「路頭」という行がある。「ウエダ銀行」はそれを実践しているのである。ちなみに「ウエダ銀行」は行員研修の一環として行員を一燈園に派遣している（黒﨑［一九九八］三七）。

(4)田舎の週末。週末に、町から船で一時間ほどの島に行き、ユースホステルに宿泊した。まず広間で指導者から話があった。町では銀行マンとしていつも品位ある行動を求められるので、ここでは大いに羽をのばしてほしい、とのことであった。

まず二組に分かれて交互に「ワッショイ」「ワッショイ」と言い合う「ワッショイ」体操があった。ローレンは一〇分から一五分続いたこの体操に、ボイラー室に閉じ込められたような不安感を覚えた。島では、農作業の手伝い、騎馬合戦、棒倒し、相撲などをした。

(5)行軍。ローレンは"twenty-five mile endurance walk"と記している。直訳では「二五マイル耐久歩行」となる。しかしローレンの一九六九年日本語論文では四〇キロの「行軍」と記されている。「行軍」が「ウエダ銀行」で用いられている言葉であろう。

「ウエダ銀行」本店が所在する都市のほぼ中央に公園があり、それを一周するとほぼ一マイルとされているので、この行軍は、一周約一・六キロの公園を二五周することであろう。行軍の途中で飲み物を口にすることは禁止されている。最初の九周は全員が一団となって歩く。この段階ではおしゃべりをしたり冗談を言ったりして、楽しい気分で歩く。次の九周は、班ごとに集団で歩く。指導者からは班ごとに競争してはいけないといわれているのであるが、おのずから競争心がわいてきて、他の班に負けないよう、早足になる。班ごとの集団行軍が終わるころには、へとへとになる。それから最後の七周は一人ひとりばらばらになって歩く。会話は厳しく禁止されている。西日本の太陽が体を焼く。疲れ果てて木陰に倒れ込む研修生もいる。ローレン自身も足や背中、首に痛みを覚え、精神が錯乱しそうになった。オレはやりきれる、と自分に言い聞かせて苦痛のなかを歩き続けた。こんなことは二度とごめんだ、とも思った。しかしローレンは、何日かして肉体的苦痛が治まるにつれて、やりとげたことに誇りを覚えるようになった。行軍をやりとげたことは、自分が決意したことは何でもできるということの証明だ、と思うようになった。

伊藤忠商事の新入社員研修

ドーアによる日立製作所の観察も、ローレンによる「ウエダ銀行」の観察も、一九六〇年代後半のものである。その後、第一次石油危機、第二次石油危機、バブル景気、バブル崩壊、と日本経済は大きな出来事を経験した。それにともなって日本の会社も変わり、即戦力が要求されるようになった、といわれている。しかし、日本の会社が即戦力を重視するようになったという見方は、正しくない。日本の会社は現在も定期採用を採用の基本としている。定期採用の人材は即戦力ではありえない。したがってまた、日本の会社の新入社員研修は現在でも精神教育を柱としている。

一例として、日本を代表する商社の一つである伊藤忠商事の新入社員研修を見てみよう（「組織を強くする独自の人材育成」『労政時報』二〇一三年七月二六日号）。

二〇一三年に伊藤忠商事は一一〇人の新卒総合職を定期採用した。入社式が終わると、それに引きつづいて新入社員研修がおこなわれる。土日の休日を入れると二二日間、正味一六日である。注意すべきは、新入社員研修はこの導入研修で終わるのではなく、導入研修で学んだことを振り返るレビュー研修が複数回おこなわれる。さらに新入社員一人ひとりに一年間、「指導社員」とよばれる先輩社員がついて社会人としての基本動作、メールや文書の書き方、商社パーソンとしての業界知識、アフターファイブの付き合いなどを教える。

女性も総合職で採用するようになったため、以前のような「商社マン」という言葉が不適当になり、「商社パーソン」という言葉が用いられるようになった。ちなみに、新入社員研修は男女の総合職全員が参加する。

新入社員研修の中心は、「働き方一〇箇条」を会得させることである。「働き方一〇箇条」とは、次の内容である。

① 敢えて厳しい仕事に取り組んでみる。何とかなるから。それが成長の糧となる。
② 仕事に困難は付き物だが、人との繋がりと経験があれば必ず乗り越える事が出来る。
③ 何事も想定より少し手厚い準備を。想定外の事に落ち着いて対応できるから。
④ 相手が会社でも個人でも同じ。借りは必ず返し、貸しを作れる人になろう。
⑤ 目線は常に現場に置く。現場にしか見えない見識や発想がある。
⑥ 何より先にまず自分の責務を果たす。その人の発言は意見として受け入れられる。
⑦ 手際良く限られた時間を有効に。アイデアやネットワークも上手に使う。
⑧ 計画通りに行かないことは誰にでもある。それでも邁進することで拓ける道がある。

⑨　階段を上がれば見える景色も違う。ローテーションを積極的に受け入れる。
⑩　あきらめない、何事も。好奇心を持って、できることをやり切るのみ。

この一〇箇条は徹底的に教えられる。「一〇箇条の内容は、研修の講義にも取り入れているが、それだけでなく、研修中の日々の振り返りにも活用する。その日の講義が終わった後、一〇箇条の内容を実践できたかを各人に考えさせた上で、二人一組で共有し、最後に一～二人を指名して発表させる。これを研修中、毎日繰り返すのだ。また、研修の時間外を含めた日常の言動を教育スタッフが観察し、一人ひとりを個別に指導する」。まさしく精神教育である。

導入研修のハイライトは登山である。まず、滋賀県にある伊藤忠商事創業の地を訪れる。創業者の精神や商売への取り組み姿勢を感じ、今後に向けたやる気を高めることが狙いである。その翌日から、創業地に近い琵琶湖西岸にある高さ約一二〇〇メートルの比良山地《ひらさんち》に登る。尾根を縦走するコースで、全行程は約三〇キロメートル。麓と山中でそれぞれ一泊し、テントを張ってキャンプをおこなう。登山は一チーム八名程度のチーム行動である。

登山合宿は、毎晩、その日にあった出来事やそのときにどう感じたかについて、チームごとに振り返る。登山の過程で発揮できた自分の強みや新たに気づいた弱みなどを語り合い、自分がどういう人間なのか見つめ直す。

登山の効果ははっきりしている。担当者は、「受講者からの感想で一番多かったのは、当初の狙いどおり、『最後までやりきることの大切さを知った』というものであった。また、『チームワークの大切さや周囲への気遣いを考えるきっかけになった』『自分の強み・弱みを見つめ直すことができた』『同期の絆が強まった』など、皆、登山の経験を前向きに受け止めている」と評価している。

導入研修の最終日に卒業式がおこなわれる。音楽が流れるなか、二二日間にわたる研修中の写真が映しだされる。人事・総務部長があいさつし、教育スタッフ全員が拍手をしながら新入社員を送り出す。研修中の写真は、記念品として一人ひとりに贈呈される。

以上の伊藤忠商事の例は、今日でも新入社員研修の中心が精神教育であることをはっきりと示している。

ローレンによる日米比較

日本の新入社員研修はどのような特色を持っているのであろうか。ドーアの指摘によれば、日立製作所の新入社員研修の重点は、日立共同体の一員としてやっていけるよう同化していくことにある。それはＥＥ社の将来の仕事に対する予備訓練を中心とした新入社員訓練とは大きく異なっている。

ローレンは、アメリカの銀行と「ウエダ銀行」を例に、新入社員研修をくわしく比較している。それをまとめると、次のようになる（ロリーン［一九六九］）。

(1)アメリカの銀行では新入行員が同じ日に一斉に入行することはないので、入行式の行事がない。

したがって、新入行員が一堂に会し、同じ時期に、いっせいに教育を受けるということはありえない。新入行員の教育は個別に一ヶ月ほどおこなわれる。教育担当者はテスト形式の問題を出したり、同じころ入行した新入行員を集めて大学のゼミナールと同じようなやり方で集団討議したりする。ただ、社内教育はそれほど重視されていない。

(2)アメリカの場合、能力の開発は個人の責任であり、どんな会社にも一般的に通用する応用可能な能力を身につけようとする。日本では、集団的に、会社のための能力開発がなされている。

(3)日本では会社に役だつ技術とともに、特定の会社のメンバーとしての思考様式や、行動様式を身につけるよう要求される。つまり、集団内の和とか、協調とか、連帯意識などが、社内教育において重要な要素となっている。そのために、会社の歌（社歌）、綱領、理念、伝統、社風などがたたきこまれる。アメリカでは、社風とか会社の歌などはなく、社員の連帯意識も特別に重要なものとはみなされていない。ましてや、それらについて教育すべきなどとは考えられていない。

(4)アメリカの場合、研修は大学教育のやりかたとほとんど違いがない。すなわち、あくまでも個人が単位であり、働きながらいろいろなレポートを書き、教師や他の新入社員と討議したりして、問題中心の学習を自主的におこなう。日本の新入社員の教育は、集団を単位とするものであり、知識や技術なども教師から受身的に教わるといった傾向が強い。また日本では集団生活を通じて教育がおこなわれている。そもそもアメリカの会社は、社宅や独身寮、研修所といった設備を持っていない。新入社員は個々人で下宿やアパートを借りて、まったく個人的な生活をしている。社内でのレクリエーションやクラブ活動の設備も充実していないので、そういう活動も非常に少ない。(5)日本の新入社員研修における精神教育は、根性や規律、困難に負けない精神、協調性など、会社という集団の中の生活と直接関係している。アメリカの会社では、精神教育と名のつくような教育はとくにおこなわれることはない。

会社で精神教育がおこなわれないということは、アメリカ社会が精神的能力を無価値のものと考えていることを意味していない。アメリカでいう精神的能力には、創造力、競争心、イニシアチブ、独立心、アンビション、チームワークなどが含まれており、これらは非常に大切であると考えられている。しかしそれらのものは、会社とは別のところで、しかも子供の時期に教育されるべきだと考えられている。

この最後の点について、ローレンは次のように指摘している。

「上述した活動（「ウエダ銀行」の精神教育——野村）と西洋におけるサマー・キャンプ、日曜学校、スポーツチーム、ボーイスカウトや軍事訓練のような準教育組織（quasi-educational organizations）の実践とのあいだには、多くの類似点がある。それら準教育組織のすべてが、次のように主張している。正規の公教育は青少年や成人の社会化をおこなうことができないか、おこなおうとする意思がない。それをおこなう能力があるのは自分たちである、と」（Rohlen［1974］207-208）。

この指摘は、日本の会社というものを考える上できわめて重要である。しかしローレンはこのように指摘するだけで、それ以上の考察をおこなっていない。日本の会社の特質を理解するためには、この指摘をふまえて、議論をさらに展開する必要がある。しかしさらなる議論に入る前に、ローレンの別の指摘にも注目しておこう。

ローレンは一九七〇年代半ばに日本の高等学校について、授業を聞いたり職員会議に出席したりするなど、参与観察した。観察結果を英語で本にまとめ、出版した。この本は日本語に翻訳された。その本の中でローレンはいくつも興味深い指摘をしている。ここでの議論にとっては二つの点が重要である。

一つは、アメリカにおいては高校生は完全に大人とは言えないとしても、大人に近い存在であると考えられている。それにたいして日本では、高校教師はきまって生徒のことを「子ども」と呼ぶ。日本の高校教師たちは生徒に大人としての自覚を持つよう奨励していない（ローレン［一九八八］一九四‐一九五）。

もう一つは、道徳教育をおこなう組織集団についてである。アメリカでは道徳教育は家庭と宗教機関の領域である。それにたいして日本では宗教団体に参加する若者はほとんどいない。また、日本の家庭は道徳教育を学校にゆだねている。そのため日本では学校が道徳教育の中心的機関になっている（ローレン［一九八八］二六五）。

日本においては学校が子供の生活の中心になっている。そして日本の学校は道徳的な価値観を生徒に教え込むことに力を尽くしている。このことは、アメリカの教育社会学者カミングスによっても強

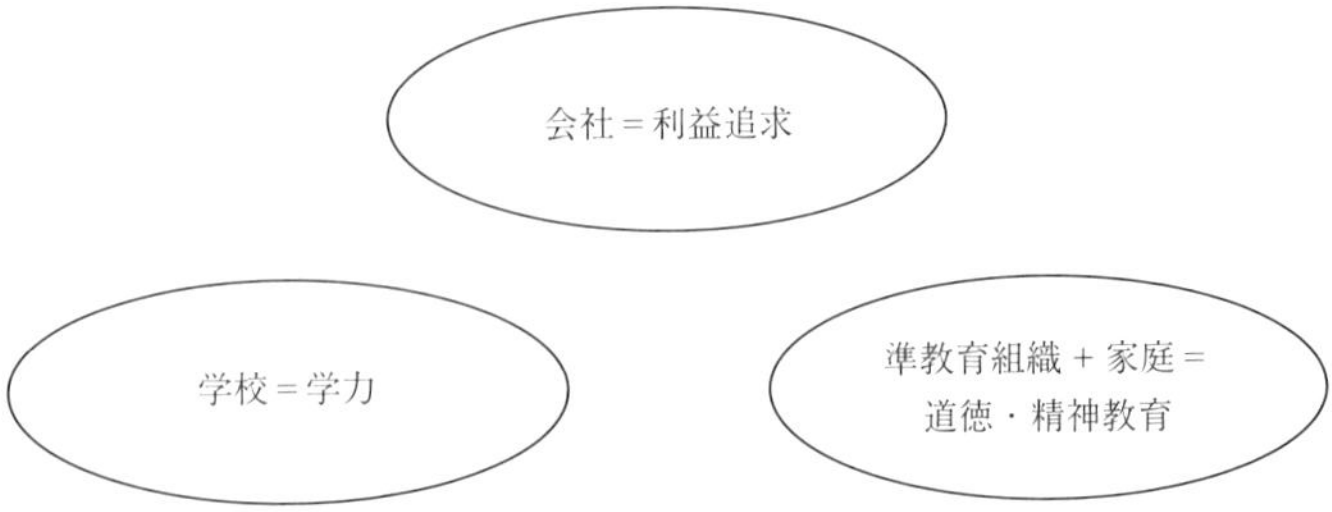

図2－1　道徳・精神教育の担い手（アメリカ）

調されている（カミングス［一九八二］二二八－二三〇、二四六－二四七）。
以上のようなローレンの指摘をふまえて日本の会社の特質について検討しよう。

新入社員研修の日本的特色

アメリカでは、会社、家庭と準教育組織、学校という三者のあいだに、次のような役割分担がある。会社は利益追求の組織である。道徳教育・精神教育を担うのは家庭と準教育組織（サマー・キャンプ、日曜学校、スポーツチーム、ボーイスカウトや軍事訓練など）である。学校という正規の教育組織は、実際には目標を達成することは困難だとしても、生徒の学力を伸ばすことを目標とする。その関係を図示すると図2－1のようになる。

日本では道徳教育・精神教育の担い手としての準教育組織は、存在はしているが、その影響力は小さい。

ボーイスカウト日本連盟の加盟員は二〇一六年三月の時点で約一一万五〇〇〇人（ボーイスカウト日本連盟HP）と少なく、道徳教育・精神教育の担い手としての影響力は小さい。ちなみに、ボーイスカウト・アメ

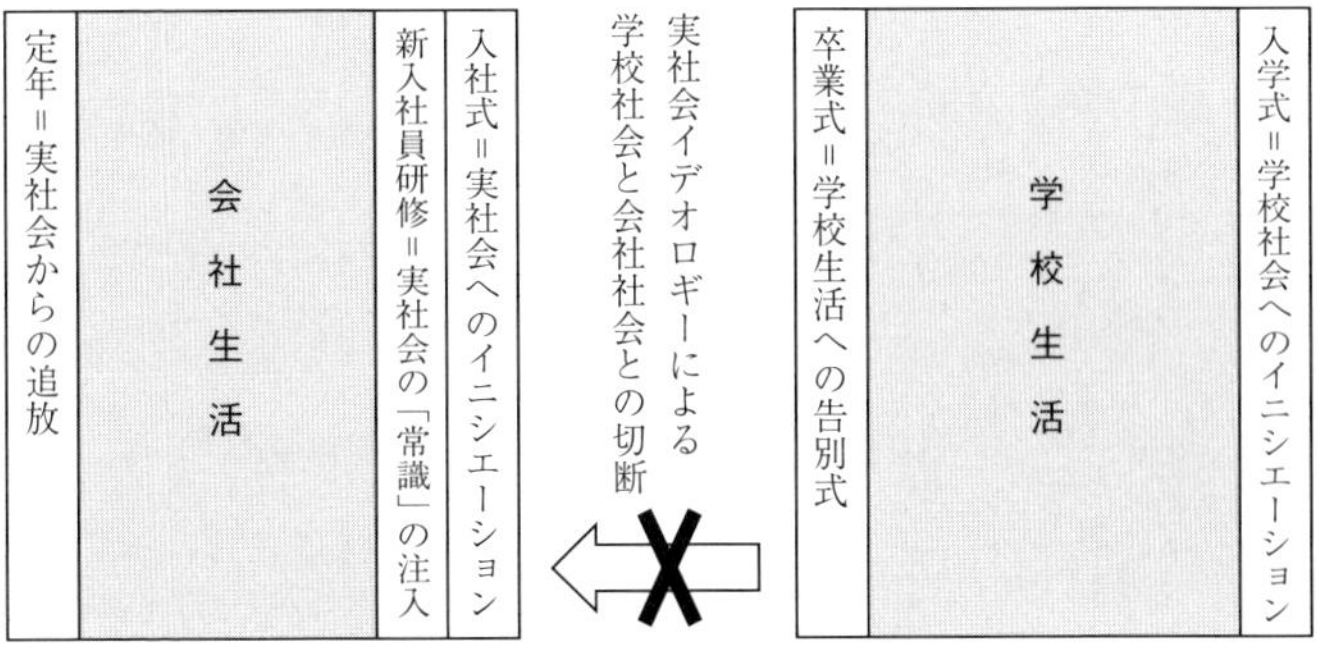

図2－2　実社会イデオロギーの役割

リカ連盟はカブスカウトとボーイスカウトあわせて二一一万人である（ボーイスカウト・アメリカ連盟二〇一六年 Annual Report）。また日本ではスポーツ活動は学校の部活として学校教育の一環に組み込まれている。学校から独立した青少年のスポーツクラブは少ない。宗教団体の青少年への影響力もごく限られている。

さらに家庭は子どもの道徳教育を学校に期待している。子どもの道徳形成における家庭の役割は小さい。

日本の学校は、戦前から、日常の学校生活やさまざまな学校行事によって、生徒に精神教育をした。その根幹となったのが教育勅語であった。戦後、教育勅語は廃止されたが、精神教育は日常の礼儀作法の徹底から集団的規律の内面化まで、戦前と変わることなく継続された。

しかし日本の学校における精神教育は、精神的に自立した人間を作り上げるというものではない。「学級王国」とさえいわれる学級経営は、生徒を学級という共同体に統合することをめざしてきた。それはあくまでも学級担任の教師を指導者とする共同体で、生徒の自立性を目標とするものではない。

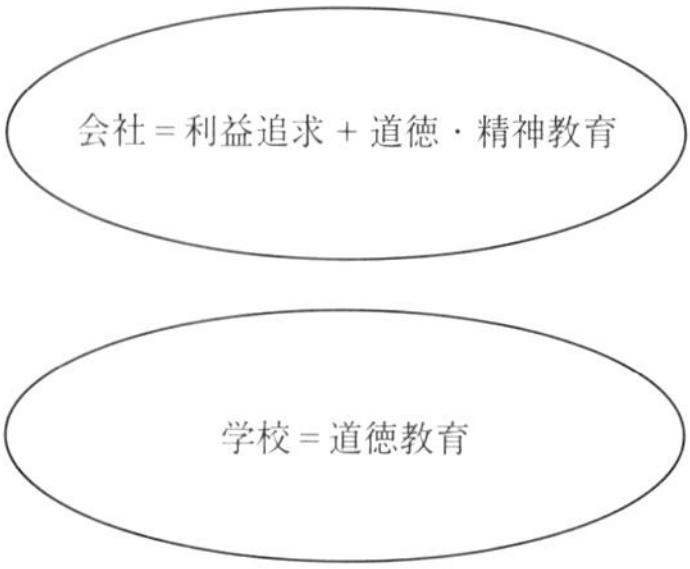

図２－３　道徳・精神教育の担い手（日本）

もう一つ重要なのは、「実社会」イデオロギーである（図２－２参照）。学校を卒業して働きはじめることを、日本では、学校から「実社会」へ出る、と言いならわしている。「実社会」という言葉は、ヨーロッパ系言語には翻訳できない。“real world”やそれと類似のヨーロッパ系の言葉は、「実社会」と同じではない。“real world”はマフィアや麻薬販売などアンダーグラウンドの世界を含んでいる。日本語の「実社会」はそうした世界を含んでいない。また、学校を卒業して「実社会」に入るのであるから、学校は「実社会」ではない。したがって教師もまた「実社会」の住人ではない。「実社会」とは、社会全体の中から、専業主婦や年金生活者など働いていない人々、アンダーグラウンド世界、および学校関係者を排除した世界である。「実社会」は学校生活と違って厳しいものであり、学生時代の甘ったれた気持は捨て去らなければならない。「実社会」で働いてはじめて一人前になる。これが「実社会」イデオロギーである。

「実社会」イデオロギーによれば、たとえ大学生であっても、在学中の学生が一人前の大人になることはありえない。したがって一人前になるための精神教育をおこなうのは学校ではなく、実社会の中心たる会社の役割になる。しかし会社はヒエラルキー組織である。会社における精神教育は命令権にもとづく上からの教育であり、組織への忠誠心を植えつけるものとならざるをえない。そうした精

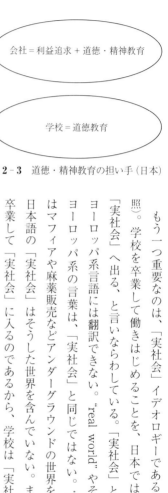

神教育の最初のものとしておこなわれるのが入社式とそれに続く新入社員研修である。こうした意味において会社は精神教育の担い手となる（図2－3）。

会社の修養主義

会社が精神教育組織となるもう一つの理由は、修養主義である。

精神を錬磨し人格を高めるという修養主義の源流は、江戸時代にある。二宮尊徳の報徳社、石田梅岩の心学、大原幽学、金光教をはじめとする新興宗教などは「心の哲学」と呼べるような内容で、自己形成・自己鍛錬を志向した。こうした思想の底流には、通俗道徳があった。通俗道徳とは、勤勉、倹約、謙譲、孝行、忍従、正直、献身などの通俗的な徳目を指している（安丸［二〇一三］第一章）。

こうした通俗道徳の土壌の上に、そしてある種の精神的危機という状況のなかで、一九〇〇年代に次々と修養団体が設立された。西田天香の一燈園（一九〇五年）、伊藤証信の無我苑（一九〇五年）、蓮沼門三の修養団（一九〇六年）、松村介石の日本教会（一九〇七年）などである。「青年団の父」とよばれるようになる田沢義鋪が青年団運動を開始したのは一九一〇年であった。

一九一二年にキリスト教徒の鈴木文治によって創立された友愛会も、修養主義的であった（隅谷［一九六八］第五章）。友愛会は第一次大戦後に左旋回し、日本労働総同盟という労働組合になっていったが、当時職工と呼ばれていたブルーカラー労働者が修養主義を捨て去ったわけではない。

戦前の日本の大企業には有名な労務管理者がいた。住友の鷲尾勘解治、三井の深川正夫といった人たちである。彼等は修養主義者であった。たとえば朝早く、労働者よりも先に出勤して黙々と便所を掃除する。東大出の法学士で将来は社長になるかもしれない男が人のいやがる便所掃除をやる、じつに感心なものだ、と労働者は感服する（二村［一九八四］）。

それだけではない。一九〇四年に住友の三代目総理事に就任した鈴木馬左也（一八六一〜一九二二年）は事業所の各職場に報徳会を設け、「知恩報徳」「敬天愛人」をモットーとして修養主義を住友財閥で実践した。一九三〇年から一九四一年まで住友の総理事をつとめた小倉正恆は、一九一九年に総本店支配人であったとき、住友への修養団の導入を決意した。それ以来、修養団は住友で影響力を確保した（筒井［一九九五］第四章）。

鈴木馬左也や小倉正恆が江戸時代からの古い価値観の持ち主だったわけではない。二人とも東京帝国大学法学部を卒業し、近代の最高教育を受けていた。このことは、修養主義が日本の近代教育とも親和的であることをはっきりと示している。

よく知られているように、旧制高等学校は教養主義であった。高等教育における教養主義と労働世界における修養主義との関係は、興味ある論点であるが、本書のテーマから外れるので、ここでは論じない。

ある組織がひとたび修養主義を採用すると、その組織は準教育組織になる。なぜかというと、修養主義は人格の向上、人格の完成を目標とする。しかし人格の完成に到達できるのは聖人君子のみである。それ以外の人間は到達できないのみならず、たえず堕落の危険と闘わなければならない。人間は弱く、欲望を制御できず、我執にとらわれる。そこで修養主義を採用した組織は、堕落を防ぎ少しでも向上するように、組織メンバーをたえず教育しなければならない。修養主義は一種の精神的な永続革命論である。

入社式および新入社員研修における主要な柱は精神教育である。さらに、修養主義によって、会社は永続的に精神教育をおこなうようになる。これがブラック・アンド・ホワイト企業を生み出す動因となる。しかしそのことを分析する前に、共同体的上部構造の形成プロセスを見ておく必要がある。その形成プロセスのなかに、ブラック・アンド・ホワイト企業を改革することの困難性が予知されている。

第三章　会社の共同体的上部構造

ゲマインシャフトとゲゼルシャフト

テンニースによれば、人の集団はゲマインシャフト（Gemeinschaft）とゲゼルシャフト（Gesellschaft）に分類される。ゲマインシャフトは「実在的有機的な生命体」「信頼にみちた親密な水いらずの共同生活」「持続的な真実の共同生活」である。ゲマインシャフトには、「血のゲマインシャフト」（家族・民族）、「場所のゲマインシャフト」（近隣・村落・自治共同体）、「精神のゲマインシャフト」（朋友・都市・教会）がある。それにたいしてゲゼルシャフトは「観念的機械的な形成物」「公共生活」「機械的な集合体・人工物」である。そして歴史はゲマインシャフトからゲゼルシャフトに向けて動いていく。

テンニースによれば、「株式会社は、その成立の点からみても、ゲマインシャフト的要素をまったく含まないゲゼルシャフト的団結体」（テンニエス［一九五七］下、一三五）である。

ゲマインシャフトは「共同体」と訳して問題はない。しかし、ゲゼルシャフトに対応する日本語はない。独和辞典には「利益社会」という訳もあるが、「利益社会」という日本語はゲゼルシャフト概念の一部を表すにすぎない。とはいえ、本書で論じるゲゼルシャフトは会社のみなので、本書ではゲゼルシャフトを「利益組織」と訳すことにする。つまり、本書において「利益組織」という言葉は「ゲゼルシャフト」の訳語として用いられている。

共同体的上部構造と利益組織的土台

株式会社を純粋な利益組織とするテンニースの考えをそのまま日本の会社にあてはめると、高いコストをかけて精神教育をおこなう日本の会社の行動を理解することが困難になる。利益組織であるならば、仕事に直結する教育訓練に集中するほうが合理的である。もっとも、精神教育は働く意欲を高めるので、純粋な利益組織であっても精神教育をおこなうことが合理的である、という解釈は成立するかもしれない。しかし人事管理論や人的資源管理論などによれば、働く意欲を高めるのは、人事考課、賃金インセンティブ、報奨制度の工夫、昇進の管理などである。日本の会社はそれらに加えて精神教育を好んでおこなっている。

なぜ日本の会社は精神教育を好むのであろうか。その理由は、日本の会社は共同体的であろうとしているからである。誤解が生じないように急いで付けくわえておくが、日本の会社は共同体である、と言おうとしているのではない。資本主義における会社は、利益を追求する利益組織である。日本の会社も、もちろん利益組織である。ただ、日本の会社は、利益組織という土台の上に、共同体的上部構造を構築しようとしている。

日本の会社は、テンニースがいうような「ゲマインシャフト的要素をまったく含まないゲゼルシャフト的団結体」とはいえない。本質的に利益組織でありながら、共同体的上部構造を持っている（図3－1）。新入社員への精神教育は、新入社員を共同体的上部構造にはめこむための教育である。そのために多額の費用と時間をかけて精神教育をおこなう。

会社には正社員と非正規社員がいる。共同体的上部構造に関係するのは正社員のみである。非正規社員は共同体から排除されている（図3－2）。本書で論じているのは、正社員のみである。非正規社員を含めた分析は、別の機会におこないたい。

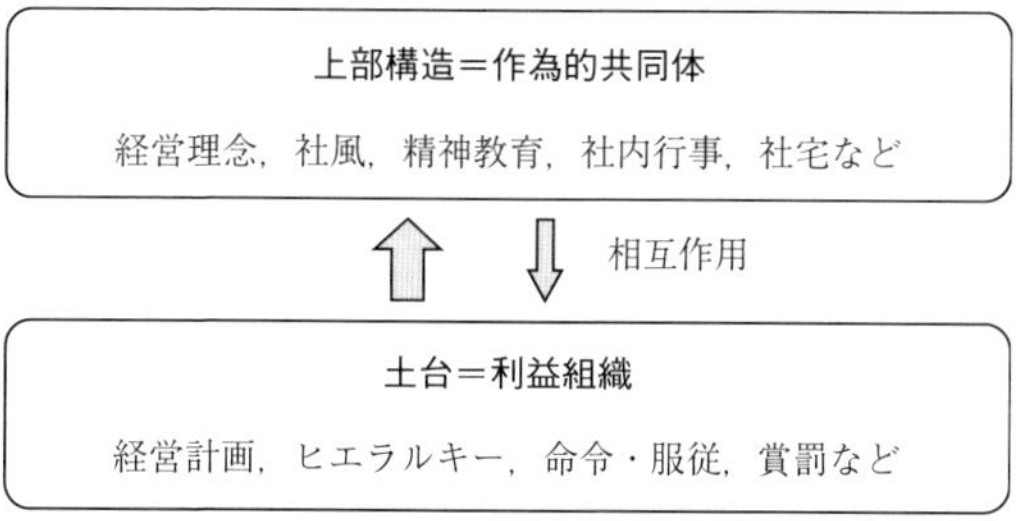

図3－1　日本の会社の構造

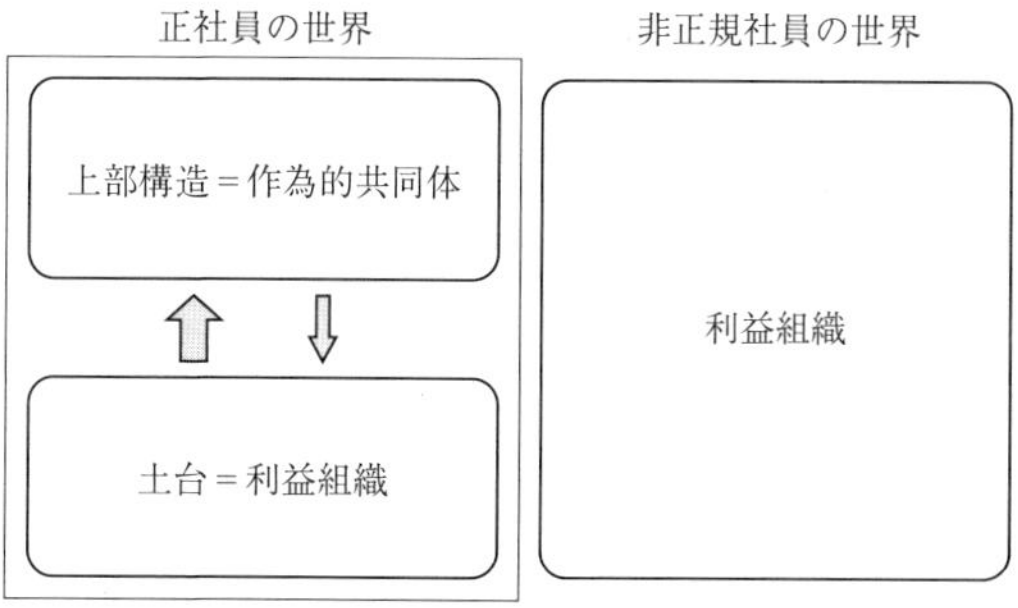

図3－2　二つの世界

共同体的上部構造としての「社風」

共同体的上部構造は、「社風」によって象徴される。現在では、「社風」という言葉と「企業文化」という言葉が同じような意味で使われている。しかし日本語としてもともとあった言葉は「社風」である。「企業文化」という言葉は、企業がおこなう文化活動を意味していた。今でもそのような意味で使われることがある。「企業文化」という言葉が「社風」と同じような意味で使われるようになったのは、一九八〇年代からである。

一九八二年にアメリカで出版された二冊のビジネスブックが一九八三年に日本語訳として出版された。一冊はピーターズ／ウォーターマン（大前研一訳）『エクセレント・カンパニー――超優良企業の条件』、もう一冊はディール／ケネディー（城山三郎訳）『シンボリック・マネジャー』である。二冊とも、アメリカにおいても日本においてもベストセラーとなった。

この二冊で用いられた“corporate culture”という用語が「企業文化」と訳された。そして、「企業文化」は「社風」と同じものだ、と理解されるようになった。

しかし、社風と企業文化は、似ている側面はあるにしても、異なる概念である。『シンボリック・マネジャー』では、企業文化を形成し維持する管理者がシンボリック・マネジャーとよばれている。そうした管理者は次のように描写されている。

「シンボリック・マネジャーは自らを会社日常の業務というドラマにおける演技者――脚本家、監督、俳優――であると考えている。事実、私たちが彼らをシンボリック・マネジャーと呼ぶのは、彼らが周囲の文化的な事象に及ぼす自分たちの象徴的な影響の重大さを認識しているからである。毎日が新しいシナリオで、会議はみな新しい演技の場である」（ディール／ケネディー〔一九九七〕二〇八）。

企業文化はこうしたシンボリック・マネジャーによってつくりあげられていく。日本の社風は違う。「演技」ではない。上は経営者から下は一般従業員まで、すでに先人によってつくりあげられてきた価値観と行動様式を内面化するのである。内面化が徹底的におこなわれると、社風を意識した判断や行動をおこなうことは不要になる。ごく「自然に」考えたり行動すると、それがおのずから社風に沿った考えや行動になる。「会社日常の業務というドラマにおける演技者」であるうちは、社風を内面化しているとはいえない。社風は特定の会社における会社人間としての人間形成であり、職業生活から引退した後も持続する人格の在り方である。

松下電器産業と本田技研工業の交流研修会

社風は会社ごとに異なるので、会社が異なると異なる会社人間になる。しかし当人は社風を内面化し、それを自然な自己と認識しているため、自分がどのような会社人間なのか、自覚することが困難である。

かつて、興味深い試みがおこなわれた。松下電器産業（現 パナソニック）と本田技研工業との「交流研修会」である。

一九七三年八月、両社の打ち合わせで次のことが決まった。交流対象者は班長（生産現場の監督者）

を主体とし、五日間の日程とする。現場での実習を主眼とし、その中に集合教育等を盛りこむ。交流終了時にミーティングをおこない、反省材料を見出し、今後に対処する。つまり、生産現場の仕事を通じて、両社の組織や人事、管理の仕方、作業工程、社員の考え方や言動がどのように違うのか、相互に理解しよう、という試みである（この交流研修会については引用も含め、松浦［一九八六］第二章）。

交流研修会は一〇月に実施された。双方から一〇名ずつのメンバーが、それぞれ相手の工場に派遣された。その結果、双方が大きなカルチャーショックを経験することになった。

ホンダマンから見た松下マンは次のようであった。

「印象があまりにも強烈であったのは、翌二十二日朝の朝会であった。朝六時に起床、体操のあと、草取りをして朝食。その後、全員屋上に集合して、国旗・社旗の掲揚、ついで綱領、信条、七つの精神と唱和、社歌の合唱と続く。朝会はきわめて精神的な行事であった。「自分でない自分がつくられるおそれを感じた」ものもいれば「気おくれした」り、「いじけた気持をもった」のもいた。（中略）朝会からはじまって夕会で終わる松下の一日は、どこの事業部、どの職場においてもまったく同じパターンであることに驚いた。きちんと並んでいるだけではない。向きまでまったく同じだ。〝ひとつ礼節謙譲の精神……〟と松下の七つの精神を唱和する社員の顔にいささかの疑問もない。「松下教の信者」と誰もが思った。松下の職場はすべてが組織的である。管理が行き届いており、社員の勤務態度も整然としている。いかにも規律正しく、ぴちっとしている」。

他方、松下マンからみたホンダマンは、次のようであった。

「松下マンは現場の実習に入って驚いた。社員は作業しながらよく話をするし、長髪も目立つ。いつ仕事がはじまったのか、いつ終わったのか、さっぱりわからない。いかにもルーズ、いかにもけじめがない感じだ。そして思った。「わからないが何かある」。この異様なまでの活気はどこから出てくるのだろうか。（中略）本田の社員はじつに個性的だ。上から下まで勝手なことをいう。何かというと、食堂でコーヒーを飲みながら話そう、という。それでいて、どこかしゃんとしたところがある。（中略）朝会や夕会をみていると、いかにも町工場的な雰囲気がただよう。お互いがいたわりあうような、そんな感じがしてくる」。

この交流研修会に参加した人たちは班長ということなので、高校卒と見てよいであろう。高校を卒業してそれぞれの会社に入社した時点で、思考や行動様式にこれほどの違いがあったはずがない。社風が人格の違いをつくりあげたのである。

尾高邦雄の日本的経営＝共同体論

日本の会社は共同体的上部構造を有している、といえば、多くの人は、日本的経営は共同体である、という日本的経営＝共同体論を思い浮かべるであろう。しかし、私は、日本的経営＝共同体論を主張しているのではない。日本の会社の土台はあくまでも利益組織である。その土台の上に共同体的上部構造が存在している、と主張しているのである。そして、土台と上部構造との独特の関係がブラック・アンド・ホワイト企業を生み出している。しかし、その点を分析する前に、日本的経営＝共同体論を検討しておく。日本的経営＝共同体論を信じている人は今なお多いからである。

一口に日本的経営＝共同体論といっても、論者によって理解は同じではない。その違いをこまかく取り上げても生産的ではない。ここでは、日本産業社会学の第一世代を代表する尾高邦雄を取り上げる。中公新書ということもあって、尾高［一九八四］『日本的経営』は広く普及した。日本的経営の成立を説明している第七章「集団主義経営慣行の形成」は、正確に引用すると長くなりすぎるので適当に切り貼りすると、次のようになる。

集団主義の価値理念が実際に適用されて、はじめて日本的経営の原型が形成されたのは、江戸時代中期、大都市に店舗をもつ商家だった。たとえば、一八世紀のはじめに大阪、京都、江戸に栄えた三井家、鴻池家、住友家などの大商家がそれである。関西の大商家の家訓には、後代の日本的経営慣行のなかの主要なものである生涯雇用、年功序列、子飼い採用、仕付け教育、人の和の尊重、合議制、温情主義管理などが、従業員管理の基本方針として強調されていることが多い。このことは、集団主義の理念にもとづいてつくられた日本的経営の慣行体系は、始原的には、すでに江戸時代中期に目にみえる形で存在していたことを示すものである。

明治から大正にかけての時代にあらわれた近代的企業や事業所は、欧米先進国の企業づくりの流儀にならって、新しく合理的、人為的につくられた、まったくの構造物だった。そして、この人為的な構造物を、かつて栄えた運命共同体にできるだけ近づけ、これに運命共同体の精気と活力を与えるために、集団主義の論理は適用された。この結果、各地に出現した近代的組織体のなかに、かつてすぐれた効果を生んだ運命共同体の人間管理の原則をモデルとしてつくられた集団主義経営慣行の体系が導入されることになった。

集団主義経営慣行を導入した企業では、従業員の会社忠誠心と相互の融和協力の精神は高まり、会社の仕事にたいする誇りとやりがいの意識は呼びおこされ、かれらの企業定着性も増大した。こうしたすぐれたプラス効果のゆえに、集団主義経営慣行の体系は、いくつかの重大な欠陥があったにもかかわらず、その後第二次世界大戦のあとまで温存され、いわゆる日本的経営の慣行として、日本の大企業に定着した。

以上が尾高の主張である。こまかな点を別にすれば、以上のような主張は、日本的経営＝共同体論者にほぼ共通している。しかし日本的経営＝共同体論は誤っている。

日本的経営＝共同体論の最大の問題点は、実証的裏づけがない、ということである。ストーリーはあるけれど、それを裏づける証拠が提示されていない。現に尾高の以上のような文章にも、主張を裏づける実証的根拠は何もあげられていない。

たんに実証的根拠が欠けているだけではない。戦前の日本の会社は、少し後でくわしく述べるように、身分制を原則としていた。身分制のもとで従業員は、「社員」、「準社員」、「女事務員」、「職工（労務者、工員）」という「身分」に区分されていた。身分ごとに、賃金（俸給）、労働（執務）時間、福利厚生施設など会社生活のあらゆる面について、きわめて大きな格差があった。同じ会社に勤めていても、「社員」と「職工」はまったく別の世界に住んでいた。「社員」と「職工」のあいだに、同じ会社に勤めている者同士だ、という連帯感など存在しなかった。「社員」と「職工」の連帯感が完全に欠如している身分制のもとで、会社全体が共同体になることはありえない。

日本的経営＝共同体論者や日本的経営＝集団主義論者は、身分制について論じることを回避している。身分制を認めてしまうと、日本的経営＝共同体論が成立しなくなるからである。

「経営家族主義」の「実証的」根拠

「経営家族主義」という概念を広めたのは間宏である。間〔一九六三〕『日本的経営の系譜』および間〔一九六四〕『日本労務管理史研究――経営家族主義の形成と展開』によって、間は「経営家族主義」論の代表者になった。その後、「経営家族主義」について間の研究を凌駕した研究はない。そのため日本的経営＝共同体論を主張する論者は、かならずといっていいほど、間の研究、とりわけ『日本労務管理史研究』を実証的根拠として引用する。『日本労務管理史研究』は製紙業、紡績業、重工業、鉱業の労務管理にかんする歴史的研究である。

間によれば、経営家族主義は次の五点から成り立っている。

① 経営社会秩序における身分制（あるいは年功制）
② 雇傭関係における終身雇傭制
③ 賃金制度における年功型（あるいは身分的）賃金

④　生活保障としての企業内福利厚生制
⑤　労使関係における家族主義イデオロギー

この五点のうち、「①経営社会秩序における身分制（あるいは年功制）」および「③賃金制度における年功型（あるいは身分的）賃金」という表現は、理解しがたい表現であるが、本書のテーマとは直接の関連がないので、ここでは検討しない。

間は、経営家族主義を以上のように定義したうえで、経営家族主義の形成と崩壊について次のように主張する。

「経営家族主義」は製紙業や紡績業では明治末頃から、鉄鋼・造船などの重工業では第一次大戦頃から、鉱業では大正末から昭和の初めにかけて普及した。しかし戦時体制（一九三八年国家総動員法がメルクマール）の進展とともに企業内秩序が崩壊にむかい、終身雇用の意識も薄れ、経営家族主義の支柱となっていた福利厚生施設も法律で定められるようになり恩情的部分が縮小してしまった。戦時体制のもとで、全体主義あるいは国家主義思想の「職域社会」の表現である「事業一家」が強調された。敗戦後、日本社会の価値観は革命的に変わり、経営家族主義は古い誤った封建的経営理念とされてしまった。戦後の経営管理体系は外見的には戦前の経営家族主義と大差ないように見える。しかし財閥解体、経営者の交代、労働組合の組織化によって戦前の家族主義とは段階的に別のものになった。それは経営福祉主義とよばれるべきものである。

こうした間説は、そのすべてが受け入れられているわけではない。戦時体制を「事業一家」思想ととらえることについて賛同者はいない。戦後の経営管理体系を経営福祉主義と呼ぶ研究者もいない。間説で受け入れられているのは、経営家族主義がほぼ第一次大戦（一九一四～一八年）前後に形成されたという点である。そして今なお少なからぬ人が、『日本労務管理史研究』はその事実を豊富な資料によってきちんと実証した、と見なしている。

戦前における「終身雇用制」？

間の経営家族主義論については、多くの疑問がある。しかしここでは、大きな疑問点を二つだけ指摘しておく。

一つは終身雇用制の存在についてである。間は、「雇傭関係における終身雇傭制」の存在を経営家族主義の成立にとって不可欠の条件と見なしている。しかし戦前には、女性労働者（女工）はもちろん、大企業の男性労働者（職工、工員）でも長期雇用ではなかった。そうだとすると、間はどのようにして戦前における「終身雇傭制」を実証したのであろうか。

間は、武藤山治にひきいられた鐘淵紡績会社（鐘紡）を戦前の経営家族主義の典型だと主張する。そして鐘紡における終身雇用制度を次のように「立証」する。なお、ここで引用されている『鐘淵紡績株式会社従業員待遇法』とは、鐘紡によって編集された小冊子である。一九一九年にＩＬＯ（国際労働機関）第一回大会がアメリカの首都ワシントンで開かれた。武藤は使用者側代表としてこの大会に参加した。当時、綿糸は日本の重要な輸出品であった。そして女性労働を主とした日本紡績業の長時間労働と低賃金が先進国から非難されていた。そこで武藤は、鐘紡における労働者の「優待方法」を喧伝するために、鐘紡の福利厚生制度の規定や会社方針を紹介する小冊子を英語で出版し、参加者に配った。そして一九二一年にその日本語原文を日本で公刊した。それが『鐘淵紡績株式会社従業員待遇法』である（平井［一九二二］）。

『鐘淵紡績株式会社従業員待遇法』は、「会社ハ従業員ニ対シ別段不都合ノ行為ナキ限リ本人ノ意思ニ反シテ妄リニ解雇スルコトナシ若シ工場長ニ於テ解雇ノ止ムヲ得サル事情アリト認メタル場合ハ其決行前必ス先ツ其ノ詳細ナル事由ト給与スヘキ解雇手当金給与額又ハ救済金額ヲ申出テ社長ノ承認ヲ求ムヘキ定ニシテ工場長ノ専断ヲ以テ辞職ヲ諭スカ如キコトアラサルヘキヲ以テ従業員ハ安心シテ職務ニ従事シ得ヘシ」と規定している。

間は、この規定から、次の結論を引き出す。「ここに、経営家族主義と結びついた典型的な終身雇傭制を見いだすことができる。ここでも解雇という規定はないわけではないが、それが適用されるのは会社にとって「不都合ナ行為」をした者にたいしてだけであって、それ以外には不況などの理由で「本人ノ意思ニ反シテ妄リニ解雇スル」ことはなかった」（間［一九六四］三八七）。

「本人ノ意思ニ反シテ妄リニ解雇スルコトナシ」という規定をもって終身雇用の存在を主張することは、終身雇用という言葉の濫用である。

極端なケースとして、たとえば千人の労働者を雇用している工場において、そのほぼ全員が一年以

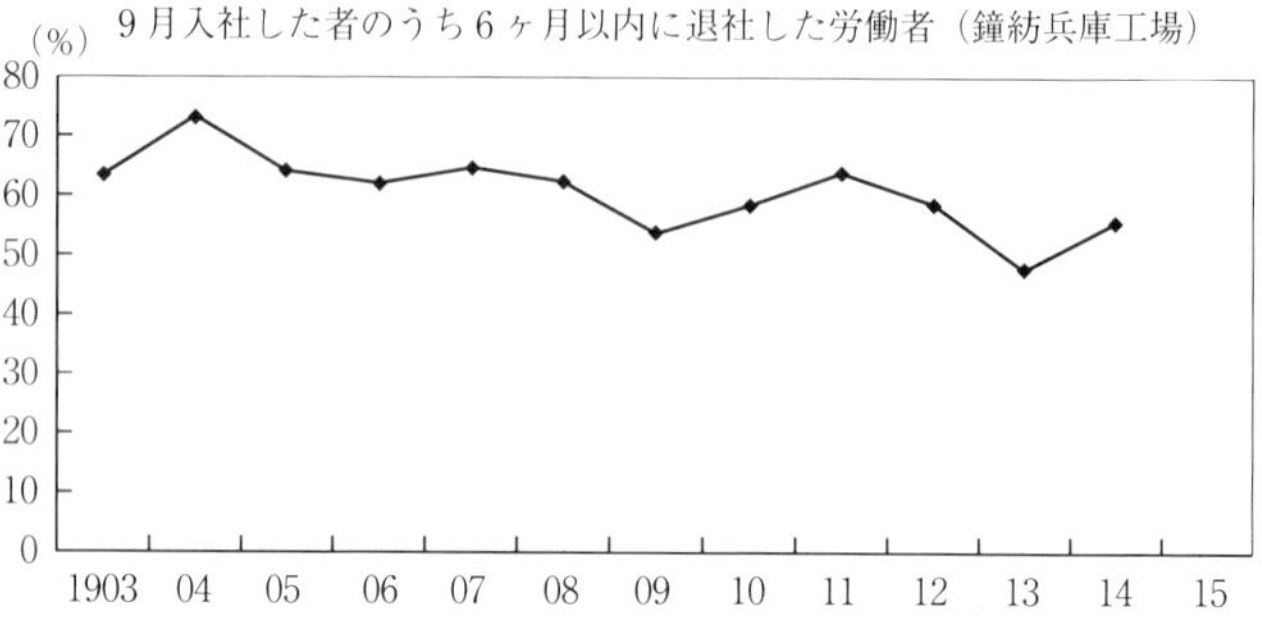

図3-3　鐘紡における労働者の退社

出所：Saxonhouse［1976］103-104から作成。

内に自発的に退社していくとしよう。たとえこの会社が従業員を絶対に解雇しないと宣言したところで、この会社に「終身雇用制」が存在していると見ることはできない。「終身雇用」の存在を語ることができるのは、会社が雇用を守ることを最優先にしているだけではなく、従業員が長期に、できれば定年までその会社にとどまる場合である。

それでは鐘紡において労働者は長期にわたって会社にとどまっていたのであろうか。図3-3は一九〇三年から一九一四年までの期間について、鐘紡兵庫工場に九月に入社した労働者のうち半年以内に退社した労働者の割合を表示している。入社してから半年以内に、多い時で七割を超える労働者が、少ないときでも五割以上の労働者が退職している。

注目すべきは、退職した労働者のうち会社の許可なく退職した労働者、すなわち逃亡労働者の割合が異様に高いということである。年によって変動はあるものの、退職した労働者の六割以上、年によっては八割近くが逃亡労働者である。この数字を武藤山治の未公刊資料から引用したサクソンハウスは、鐘紡の

表3－1　製鉄業における労務者勤続年数（大正12～14年）　（単位：％）

	1年未満	3年未満	5年未満	7年未満	10年未満	10年以上	計
八幡製鉄所（含戸畑）（大正13年3月）	14.3	12.0	25.6	16.3	12.6	19.2	100.0
室蘭製鋼所（含輪西）（大正12年11月）	10.3	3.5	26.3	34.4	17.0	8.5	100.0
釜石製鉄所（大正14年5月）	6.4	24.0	15.2	14.3	19.5	20.6	100.0
平　　均	13.3	12.2	24.2	18.0	13.6	18.7	100.0

原出所：『社会政策時報』69号，103～104ページ。
出所：間［1978］505。

福利厚生施策が労働移動を低下させることに有効ではなかったと指摘するとともに、鐘紡の福利厚生施策は「主として宣伝材料であり致命的欠陥があった」（Saxonhouse［1976］104）と結論づけている。紡績産業は女性労働者が主力で、労働移動がきわめて頻繁であった。「終身雇用」が成立するはずがない。

それでは男子労働者が主体となる重工業ではどうだったであろうか。間は、表3－1を掲げている。この表によれば、勤続年数三年未満の労働者が全体の四分の一、五年未満まで含めると全体の半分になる。勤続年数一〇年以上の労働者は二割弱である。とうてい「終身雇用」であったとはいえない。間も、この表が物語っているのは「職工の一部に長期勤続者が存在したというにすぎない」、と認めている。ところがこの文章に続けて間は次のように主張する。

「彼ら（長期勤続者——野村）は、企業にとって、基幹的存在（よく使われた言葉によれば「会社の宝」）であり、企業と終身雇傭的関係にあったといってよい。彼らは、常傭工であり、あるいは、そのなかのごく一部であったかもしれない。しかし、彼らは、企業によって職工の理想形態と考えられており、その価値を受け入れていた他の職工にとっても行動の方向づけに役立っていた（いわゆる、準拠集団としての役割を果たしていた）。この意味で、終身雇傭制は、現実には、ごく一部の職工にたいしてのみ適用されていたが、労務管理の面では高い評価を与えることができる」（間［一九七八］五〇六）。

このような主張は、説得力を欠いている。まず、会社が「終身雇傭的関係」を「職工の理想形態と考え」ていたかどうか、実証されていない。会社が一部の労働者について長期雇用が望ましいと考えていたことはたしかである。しかし終身雇用を論じるためには、会社のほぼすべての労働者について長期雇用が望ましいと考える必要がある。間はその点を実証していない。また、長期雇用の労働者たちが「準拠集団としての役割を果たしていた」ことも実証されていない。掲げられた表からいえることは、長期雇用の労働者と短期雇用の労働者がおり、短期雇用の労働者が圧倒的に多かった、ということだけである。間も認めているように、「職工の一部に長期勤続者が存在したというにすぎない」。間は職工（労務者、工員）における終身雇用制の成立を実証していない。

経営家族主義イデオロギーの不存在

終身雇用の存在が実証されていないことと並んで、間説のもう一つの大きな問題は、経営家族主義イデオロギーについてである。間は次のように書いている。

「家族主義管理という場合、これら五点（先に引用した五点の要素――野村）が完全にそなわっていなければならないというのではない。ただ、今までの説明にみられるように、各要素は、それぞれ相互補完的関係にあるから、その一つだけを断片的に採用しても、経営方針としては有効なものとならない。それらが、関連しあってはじめて効果的となる。また、たとえば終身雇傭制度と企業内福利厚生制度が採用されていたからといって、それだけでは、家族主義管理とはいえない。その説明原理として、経営家族主義のイデオロギーが用いられているか否かが問題である」（間［一九七八］一二三）。

つまり、間説にとって、経営者や会社が自分たちの管理方針を「経営家族主義のイデオロギー」によって説明するかどうかが決定的に重要である。ところが、間は別の箇所で次のように書いている。「経営家族主義という言葉が、だれによって、いつごろから使われるようになったかは、明らかでない。しかし、戦前の資料のなかには家族主義とか温情主義という言葉はみられても、それに経営という字を冠したものは、ほとんど見あたらない。したがって、戦後、広く使われるようになったといってよいであろう。また資本家・経営者自身が、経営家族主義について、統一的な、論理的な解釈を明確に打ち出していたわけではない。それゆえ、経営家族主義、あるいは家族主義管理とは、研究者が当時実際に行なわれていた経営理念や管理施策から、理想型的に概念構成したものである」（間［一九七八］四五）。

イデオロギーとは意識形態である。自覚的・体系化された社会意識である。「資本家・経営者自身が、経営家族主義について、統一的な、論理的な解釈を明確に打ち出していたわけではない」のであれば、「経営家族主義」というイデオロギーは存在しなかったことになる。つまり間は、一方で「経営家族主義のイデオロギーが用いられているか否か」が決定的に重要だと述べながら、他方で資本家・経営者に「経営家族主義イデオロギー」がなかった、といっている。間自身が戦前における経営家族主義の存在を否定している。

なお、以上の引用文に、「戦前の資料のなかには家族主義とか温情主義という言葉はみられ」る、と記されている。戦前に使われていた家族主義の内容は、家族主義の代表者とみなされている鐘紡の武藤山治によれば、次のような内容である。

「吾国の家族制度の西洋と異なる美点は、各人其能に応じて働き総て温愛の情を基とし其中に尊敬及犠牲の精神が充ちて居る点にある。如何なる過激思想を抱くものも家族内に於ける温愛の情を非とするものはあるまい。して見れば問題は吾国の家族制度の如き一家内の親密なる各個の間柄が之を社会全体に押及ぼせば何人も満足する。それが社会全体の上に行はれて居らぬから不平であるといふ事になると思ひます。（中略）私の労働問題の上に必要なりと主張する温情主義は一家族の間に存在する温情を雇主と被雇主との間に実行することが相互の為め最も有益であり必要だと唱ふるに過ぎませぬ」（鐘淵紡績株式会社営業部［一九二四］六九－七〇）。

武藤山治が言っているのは「温情主義」であって、その中身が「一家族の間に存在する温情」である、というものである。したがって、武藤に即していうならば、戦前の会社のイデオロギーは温情主義と呼ばれるべきである。

高度成長期における「終身雇用制」の成立

戦前には男性正規労働者についてもいわゆる終身雇用は確立しなかった。日本の大会社における男性正規労働者の「終身雇用」が確立したのは高度経済成長期（一九五五～七三年）である。女性の大半については、正規労働者であっても、今なお終身雇用ではない。

戦前においては、一部に長期にわたって同じ工場に勤める男性労働者が存在したが、あくまでも一部であった。大多数の男性労働者は短期勤続であった。工場から工場へ移ったり、独立したりするのが一般的であった。たしかに一九二〇年代には男性労働者の移動率が低下した。第一次大戦後の戦後不況、それに引きつづく金融恐慌、昭和恐慌という近代日本の未曾有の不況のもとで、大量の解雇がおこなわれた。解雇されなかった労働者は、勤めている工場を辞めると別の働き口を探すのが困難になったため、頻繁な移動をしなくなった。

しかし一九三一年の満洲事変を契機に日本経済は次第に戦時経済に移行し、景気が急回復した。それにともなって、重工業における労働需要は飛躍的に高まった。たとえば、日立製作所日立工場では、一九三一年一〇月に男子の在籍人員は一七七四名であった。それが一〇年後の一九四一年四月には二万一〇二六名となった（日立製作所日立工場［一九六二］四七）。およそ一二倍にもふくれあがったのである。従業員のほとんどが新人ともいえるような状況下で、「終身雇用」など問題外である。

「経営家族主義」の研究史について検討したので、ここでもう一つの研究に言及しておく。それは兵藤釗［一九七一］『日本における労資関係の展開』である。この重厚な研究書は、一八八〇年代から一九二〇年代までの重工業を対象としている。兵藤は一九二〇年代における労働移動率の低下という事実を指摘するとともに、企業内昇進制の導入や定期昇給制の形成など、いわゆる日本的雇用慣行の端緒が見られる、と主張した。この研究によって、日本的雇用慣行の成立は一九二〇年代である、というイメージが広がった。

一九二〇年代に日本的雇用慣行の端緒が見られるという兵藤の主張には、きちんとした史料的裏づけがある。しかし問題はその先にある。たしかに一九二〇年代に日本的雇用慣行の端緒が見られる。しかし一九三一年の満洲事変を契機としてはじまる戦争経済化のなかで、男性労働者の産業・企業をこえた大幅な移動がおこなわれた。そして敗戦による日本経済の崩壊にともなって大量の労働者が企業から離脱した。安定的な労務政策は高度成長期になってようやくはじまった。つまり、一九二〇年代の傾向が三〇年代・四〇年代に続いたのではなく、断絶している。

兵藤は、一九二〇年代の傾向が三〇年代・四〇年代にも続いて日本的雇用慣行が定着した、などとは主張していない。兵藤の主張は、一九二〇年代に日本的雇用慣行の端緒が見られた、ということにとどまっている。しかし兵藤は、そう主張したまま、一九三〇年以後の事態についてまったくなにも語らない。戦前の大会社において男性労働者の「終身雇用」が実現したかのような誤ったイメージが形成された責任は、兵藤の研究を正確に理解しなかった研究者にあるとしても、兵藤にも多少の責任があると言わざるをえない。なお兵藤は、後に、「現実に終身雇用が慣行として定着したのは、六〇年代（一九六〇年代——野村）を迎えてからである」（兵藤［一九九七］上、一七二）と明言している。

戦前の大会社における労働者が「終身雇用」であったとか、「終身雇用」を基礎とした「経営家族主義」がその特徴であった、というような言説が今なお生き続けている。いったん広まった考えは、それがその後の研究で誤っていると証明されても、容易には払拭されない。「もはや「経営家族主義」は、近代日本のパターナリズムを論じる際の分析用語たり得ない」（榎［二〇〇九］三三）という認識が常識となるのは、いつであろうか。

戦前の会社身分制

以上、「経営家族主義」論を検討したが、「経営家族主義」論が成り立たないことは、戦前の大会社における身分制の存在からも明らかである。

戦前の大会社の経営秩序は身分制とよばれていた。従業員を身分で区分し、身分ごとにきわめて大きな待遇の格差を設けた。そうした身分制のもとで経営が「運命共同体」になるはずがない。

戦前の大会社における身分制は、性別・学歴別に仕切られた経営秩序であった。身分制を図示すると、図３－４のようになる。男性は社員、準社員、職工、組夫に区別され、女性は女子事務員、女工、組夫に区分された。もちろん、会社ごとにそれぞれのグループの具体的な名称は異なっていた（野村［二〇〇七］第一章）。

会社にとって重要だったのは男性なので、男性のグループから説明する。

社員は経営首脳部かそのスタッフまたはその候補者である。高等教育（大学・高等専門学校）を受け

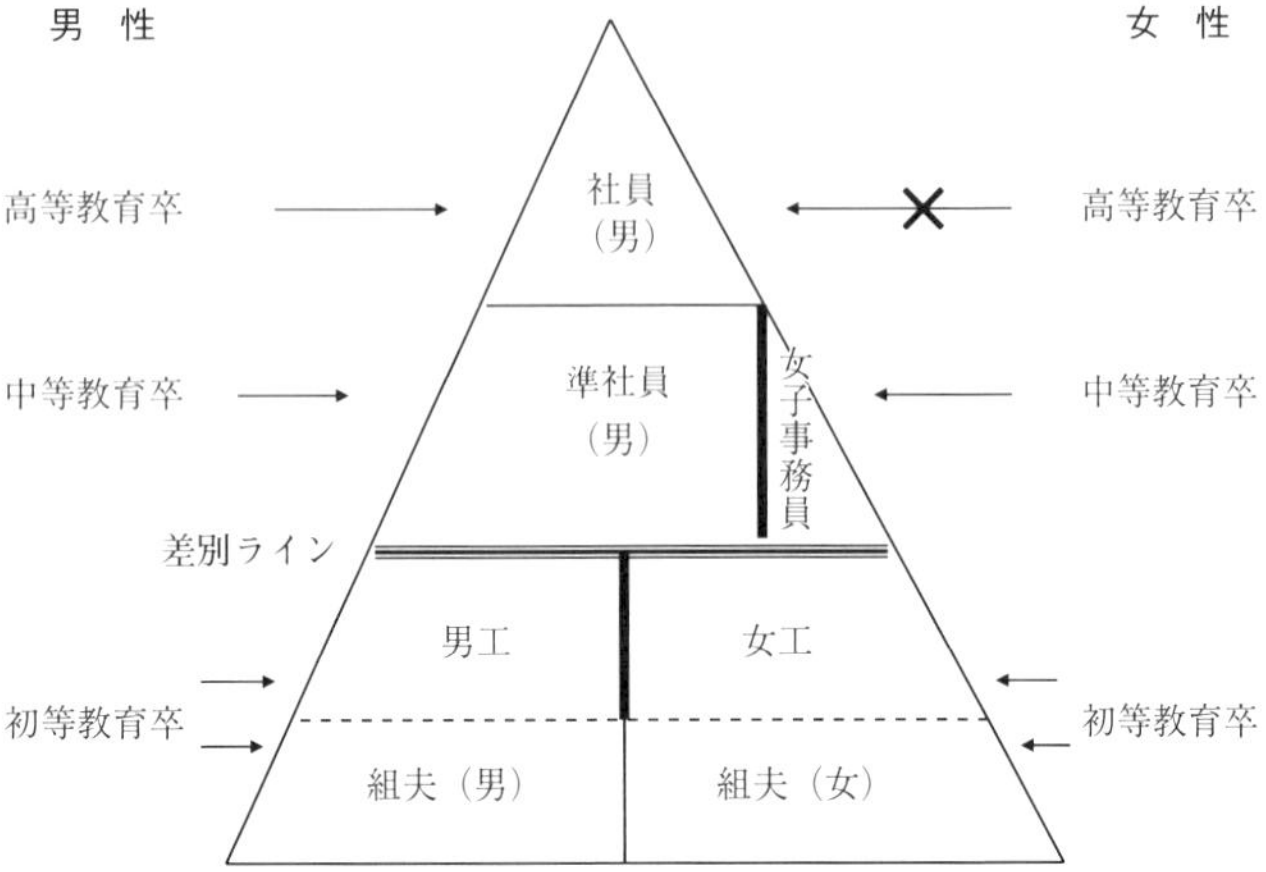

図3－4 戦前の身分制

出所：野村［2007］25。

た者が社員として採用された。将来幹部となることが期待されているこの従業員グループは、本社が全国から採用した。基本は新規学卒者の定期採用であった。

準社員はホワイトカラーであるが、将来の経営幹部ではない。採用も地方労働市場から事業所が採用した。採用対象は中等教育（中学校・実業学校）を卒業した者である。採用された事業所にずっと勤務するのが基本であった。

職工（労務者、工員）の仕事は肉体労働である。事業所による採用である。採用対象は初等教育（尋常小学校・高等小学校）を卒業した者である。大半の職工は短期勤続で、頻繁にある工場から別の工場へ移動した。独立して自営する者もかなりいた。一部に長期勤続の職工がいて、役付職工となっていた。職工は労務者とも呼ばれていた。工員という呼び方は一九二〇年代からあったが、普及したのは一九三〇年代からである。

組夫は工場の構内における下請け会社に雇用されていた。組夫は、待遇ももっとも悪く、数多くの不公正労働慣行を残している最下層の労働者グループであった。

社員と準社員とのあいだに待遇の違いがあったが、準社員と職工との違いにくらべれば小さなものであった。準社員と職工との間には、画然とした違い・差別があった。一方の社員・準社員と他方の職工・組夫とのあいだでは、物の呼び名も異なっていた。

今日では「働くこと」と「労働」は同じ意味に使われている。しかし戦前の身分制においては、「労働」という言葉は肉体労働を意味していた。したがって職工が働くことは「労働」である。社員・準社員が働くことは「執務」といった。「労働時間」は職工の働く時間で、社員・準社員の働く時間は「執務時間」である。「労働条件」は職工の働く条件で、社員・準社員の働く条件は「待遇」といった。戦前にも「労働市場」という言葉があった。それは職工の集まる場所、あるいは職工の職業紹介所のことであった。社員・準社員については、職工の「労働市場」に対応する用語はなかった。また、働くことによって得る対価についても、社員・準社員と職工とでは名称が異なっていた。職工は「賃金」を得た。社員・準社員は「俸給」または「給料」を受け取った。

俸給と賃金

社員・準社員の待遇と職工の労働条件との違いは、俸給と賃金の違いにはっきりと表れていた。

社員の俸給は月給制であった。欠勤しても、その分を差し引かれることはない。賞与は多く、一般社員では年間で俸給八～一〇ヶ月分、役職者では一年分あるいは二年分にもなる高額の賞与が支給された。退職金はさらに多く、三菱の事例では二五年勤続者で最終月給の約一六年分にもなった。退職金に加えて終身年金も支給された。三菱では、一九一七年における退職金規定と終身年金規定の制定にさいして、退職金を年利五パーセントで運用すれば在職中の俸給年額よりも退職後の年収の方が多くなるはずだ、と明言した。他の大会社においても、少ない場合で一〇年分、多い場合では二〇年分の退職金が支給された。今日では、賞与は四ヶ月ないし五ヶ月分くらい、退職金は、最終月給から見て数年分にすぎない。戦前の賞与と退職金がいかに多かったかがわかるであろう。

準社員の俸給は日給月給制であった。欠勤するとその分が差し引かれた。賞与は年間で俸給月額の四～六ヶ月分程度であった。退職金は、長期勤続した場合、たとえば三〇年勤続でも、約六年分くらいであった。

職工の賃金は日給であった。年間の賞与は普通職工で一ヶ月分程度であった。多くの職工の勤続年数は短かったので、退職金は支給されないか、あるいは支給されたとしてもごくわずかの額であった。一部に長期勤続の男性職工がいたが、たとえ三五年間の勤続であっても、退職金は二、三年分ほどにすぎなかった。

身分制下の目に見える差別

俸給・賃金以外にも社員・準社員と職工とのあいだにさまざまな差別があった。王子製紙の工員は次のように回想している。

「職員に口答えでもしようものなら『明日から会社へ出て来なくてもよい』と一ぺんに怒鳴られたものです。職員、工員の差別は社宅はもちろんの事で親父の威光で子供達まで、職工の子供達に威張るんですよ。職工の子供と遊ぶと躾が悪くなると言って遊ばせないんです。口惜しくて我々子供の頃は力はこっちが強いからよく丸太積みの陰で泣かせて溜飲を下げたものです」（王子製紙労働組合［一九五七］七三）。

日立製作所日立工場労働組合と日立製作所小名浜労働組合が一九四六年一月三一日に連名で提出した「差別待遇ノ撤廃ノ件」（日立製作所日立工場労働組合［一九六四］八六‐八七）を見てみよう。要求書が提出されたこの時点では、両組合とも組合員は工員のみで、職員は参加していなかった。したがってこの要求書は工員がどのような差別に怒っていたのかを明瞭に示している。工員の要求は次のようなものであった。①社員の住宅を役宅、工員の住宅を社宅と呼ぶのをやめよ。②社員と工員の住宅手当差別の是正。③一年に社員の有給休暇は一〇日、一般工員は三日となっているので、一般工員も一〇日に。④一日一円の昼食手当を工員にも支給せよ。⑤工員にも早退、遅参を認めよ。⑥出張旅費および手当の差別の撤廃。⑦一般工員の公休日も有給とせよ。⑧工員にたいする入構・出構のボディーチェックの廃止。⑨図書室の一般工員への開放。⑩供給課による公正な配給。

このように身分制はさまざまな目に見える差別をともなっていた。こうした身分制が存在する限り、社員・準社員・工員が一体感をもって会社を共同体と感じることはできない。

身分制を修正し、会社の共同体的上部構造を形成する推進力となったのは、戦後に結成された従業員組合である。一般には「企業別労働組合」、「企業別組合」、「企業内労働組合」、「企業内組合」と呼ばれている団体である。

従業員組合は会社の共同体的上部構造を形成する推進力であったにもかかわらず、その後、存在感を喪失してしまった。今では、従業員組合は従業員のために有意義な活動をするはずだ、と思われていない。そのことを端的に表しているのが、過労死・過労自殺にかんするマスコミ報道である。従業員組合は労働組合法上の「労働組合」だとされている以上、ある会社で過労死が発生した場合、「従業員の生活を守るはずの労働組合はいったい何をしていたのか」と問われてしかるべきである。しかし過労死報道において、その会社の従業員組合に言及されることはない。日本社会において従業員組合の存在感が極小化しているためである。

従業員組合は「経営民主化」をおこなったことによって、共同体的上部構造の構築に決定的役割をはたした。しかし短く見れば戦後五年で、長く見ても戦後一〇年で従業員組合は存在感を喪失した。このプロセスおよび結果がブラック・アンド・ホワイト企業を誕生させた。したがって、戦後における従業員組合の誕生・展開・衰退を検討する必要がある。

第四章　従業員組合――「非常に非常識」な「労働組合」

敗戦後における従業員の急速な組織化

一九四五年八月三〇日、日本を統治するために連合国最高司令官マッカーサーが厚木飛行場に到着した。連合国最高司令官総司令部（ＧＨＱ）の当初の目的は、日本の民主化であった。ＧＨＱは矢つぎばやに一連の改革を指令した。それまで労働運動を弾圧してきた治安維持法や治安警察法は廃止された。民主化の一環として、労働組合の結成を促すため労働組合法が制定された。

ＧＨＱの民主化方針のもと、敗戦後二ヶ月ほどして大会社や大工場の中に工員や職員の組合が結成されはじめた。やがてそうした動きは急速に加速していった。最初のころは大きな事業所で組合が結成され、それが次第に中小事業所あるいは中小企業で組合が結成された。

少数とはいえ解散する組合もあったことから、一九四六年一二月までに設立された組合の合計が一九四六年一二月末現在の組合数になるわけではない。解散した組合を差し引いた数で、一九四六年一二月末現在で約一万七〇〇〇組合、四八五万人であった（『資料労働運動史　昭和二〇・二一年』九九九）。敗戦から一年四ヶ月でこれだけの組織化が進んだことは、急速な組織化だったといえる。

戦後に結成された組合を何と呼ぶべきか

結成された団体は、「企業別労働組合」とか「企業別組合」と呼ばれるようになった。しかし、それらの団体自身が「企業別労働組合」とか「企業別組合」と名乗ったわけではない。労働研究者がこれらの組合を「企業別労働組合」「企業別組合」と呼び、その名称が次第に社会に広まっていった。「企業別組合」の幹部はむしろ「企業内組合」と自称するのが通例である。

一般的には「企業別組合」と呼ばれている組合を、正確には何と呼ぶべきなのかは、重要な問題である。「名は体《たい》を表す」という諺がある。名前が本質を表す、という意味である。「企業別組合」の本質を表す名前としてどのような名称が適当なのか、成立時点に立ち戻って考えてみよう。

ここに興味深い資料がある。日立製作所では一九四五年一二月末から翌年にかけて事業所ごとに組合が結成された。全部で三四組合である。表4-1は、事業所ごとに組合がどのような名称を名乗ったのかを示している。この表はいくつかのことを教えてくれる。

(1)「労働組合」と名乗ったのは、三四組合のうち八組合のみであった。敗戦後まもない一九四五年一〇月一日、東久邇《ひがしくに》内閣は「労働組合ニ関スル法制審議立案ニ関スル件」を閣議了解した。これ以後、一九四五年一二月二二日の労働組合法成立にいたるまで、法案をめぐる動きは新聞でくわしく報

表4-1　日立製作所における組合名称

工　場	名　　称	結成日時	組合員数	工　場	名　　称	結成日時	組合員数
日　立	労働組合	21. 1.15	5,300	亀　戸	労働組合	20.12.20	999
	社員組合	21. 1.28			社員組合	20.12.28	227
小名浜	労働組合	20.12.20	830	亀　有	従業員組合	20.12.17	2,692
多　賀	従業員労働組合	20.12.15	2,415	川　崎	勤労組合	20.12.18	267
	社員組合	20.12.25	529		社員会	20. 1.25	127
水　戸	勤労者組合	20.12.13	1,515	桑　名	工員組合	20.12.28	269
	社員組合	20.12.10	206		社員組合	20.12.25	61
戸　塚	工員組合	20.12. 8	746	大　営	社員組合	21. 2.20	210
	社員組合	20.12. 5	241	安　来	労働組合	21. 1.10	658
本　社	社員組合	21. 1.28	898		社員組合	21. 2.26	152
栃　木	真正会	20.12.25	451	名　営	社員組合	21. 2.20	30
	日立会	20.12.15	107	笠　戸	労働組合	20.12.23	2,714
清　水	従業員組合	20.12.22	747	若　松	労働組合	20.12.24	256
茂　原	従業員組合	20.12.20	696		社員組合	20.12.27	139
深　川	工員組合	21. 1. 7	207	戸　畑	労働組合	20.12. 5	429
	社員組合	20.12.28	46		社員組合	20.12. 5	135
中　研	従業員組合	21. 2. 1	130	九　営	社員組合	21. 3. 3	82

出所：日立製作所日立工場労働組合［1964］93。

道されていた。日立製作所の社員と工員は労組法が成立することを知っていた。それにもかかわらず、彼らの多くは自分たちが結成する団体を「労働組合」と命名しなかった。

(2)同じ会社であるにもかかわらず、事業所ごとに結成された団体の名称はさまざまであった。「労働組合」「社員組合」「従業員労働組合」「勤労者組合」「工員組合」「真正会」「日立会」「勤労組合」「社員会」「従業員組合」と一〇種類もの名称があった。「労働組合」と名乗らないだけでなく、「組合」と称することもしない団体もあった。結成当初、それぞれの団体ごとに、理念・具体的目標・組織構造などについて、漠然としてではあれ、異なったイメージがあったことは間違いない。

(3)一〇種類の名称をもう少しくわしく見よう。工員と職員が別々に組合を結成したのは、二二事業所のうち一二事業所である。一二事業所のうち一〇事業所において職員の組合は「社員組合」と名乗っている。一事業所は「社員会」という名称であるので、職員が「社員」という名称にアイデンティティを持っていたことは明瞭である。

組合の名称がさまざまであったのは、工員が自分たちの名称をどうしたいのか、定まっていなかったことを反映している。

日立製作所日立工場では、一九三九年一月に、生産ラインで働く人たちの名称を、それまでの「職工」から「工員」に改めた（日立製作所［一九六〇］六四）。戦後に結成された組合のなかで「職工」という名称の組合はないため、「職工」という名称が当の「職工」に嫌われていたことは間違いない。工員だけで組織された一二組合のうち、「工員」という名称を冠した組合は三組合である。「工員」という名称はある程度は受け入れられていたと見てよいであろう。しかし、工員だけの組合のうち「労働組合」という名称が五組合、「真正会」「勤労者組合」「勤労組合」「従業員労働組合」がそれぞれ一組合と、「工員」を名乗らない組合が九組合である。「工員」という名称が好まれていたとはいえない。

戦後直後、職員たちは「社員」という名称にアイデンティティを持っていた。しかし工員たちは自分たちをどう呼ぶべきなのか、明確な考えがなかった。

ちなみに、日立製作所では一九四七年に社員・工員を問わず正規従業員を「所員」と呼ぶことになった（日立製作所［一九六〇］二八四）。

(4)事業所に組合が一つだけ結成されたケースが一〇ケースある。そのなかには本社や大阪営業所などほとんど職員のみと思われる事業所がある。そのような事業所の組合は、中央研究所の「従業員組合」を別として、「社員組合」と名乗った。

職員と工員がともに働いている事業所で組合が一つだけという事業所は五つある。そうした事業所で組合が一つということは、組合は職員と工員をともに組織したいわゆる混合組合である。混合組合の名称は、「労働組合」が二、「従業員組合」が三である。

しかし、二つの混合組合が「労働組合」と名乗ったことが自発的といえるかどうか、わからない。労働組合法を意識して「労働組合」と名乗ったかもしれない。そう考えると、混合組合の自意識では「従業員組合」である、と見るのが適当であろう。

日立製作所のそれぞれの事業所で結成された組合は、当初は職員と工員が別々に組合を作った場合でも、まもなく一緒になって混合組合となった。

以上で日立製作所の事例を検討したが、全国レベルで見ても、従業員組合と名のる基礎組織が多い（三宅［一九九二］三六）ことからも、一般に「企業別労働組合」と呼ばれている組織は、当事者の自意識から判断して、「従業員組合」と呼ばれるべきであろう。したがって本書では「従業員組合」と記すことにする。

従業員組合の特徴

本書において私が企業別組合という用語を避けて従業員組合と呼ぼうとする理由は、結成当初に多くの組合が従業員組合と名乗ったからだけではない。企業別組合という用語は、その用語が誕生した当初から、企業別の労働組合を意味していた。つまり、企業別ではあれ、ともかく労働組合である、という判断を前提としていた。私が企業別組合という用語に代えて従業員組合と呼ぼうとしているのは、従業員組合は労働組合ではない、という考えにもとづいている。

日本の従業員組合をヨーロッパやアメリカの労働組合と対照させるならば、従業員組合の特異な性格がわかる。

(1)従業員組合の組合員は、一つの会社の正規従業員で構成される。そのため必然的に従業員組合は組合員数から見てきわめて小さな組合となる。日本最大の会社の一つであるトヨタ自動車の従業員数は、二〇一五年で七万三〇〇〇人ほどである。トヨタ自動車の従業員組合であるトヨタ労組は、どんなに組合員を増やそうとしても、正規従業員のみを組織する限り、この従業員数を超えることはできない。それにたいして金属産業で働く人たち全体を組織するドイツ金属産業労働組合では、組合員数は約二二七万人である。組合員数の桁が二つも違っている。

長い間、従業員組合は正規従業員のみの組合であった。しかし近年では非正規従業員を組織しようとする従業員組合もある。非正規従業員の組織化ははじまってからまだ日が浅く、十分の組織化がおこなわれるまでには、まだ長い時間が必要である。そしてたとえ非正規従業員が組織化されたとしても、一つの会社のなかの非正規従業員を組織化するだけなので、従業員組合の組合員数は増えるといっても、たかが知れている。

(2)いかに小なりといえど、従業員組合は主権を持った団体である。主権を持っているので、自分で組織の綱領と規約を決めることができる。規約に定められた手続きで役員を選出することができる。組合費の額を決め、組合費を徴収して自由に使うことができる。当該会社と労働協約を締結することができる。会社との交渉がうまくいかない場合、ストライキ権を行使することができる。

しかしやはり小は小である。従業員組合の組合員の範囲が一企業の従業員に限られているので、当然のことながら、従業員組合が会社と締結する労働協約の適用範囲は、その会社内に限定される。賃上げ交渉の結果もその会社内に限定される。つまり、ある従業員組合が会社と決めた労働条件は、社会的広がりをもたない。賃金や労働時間、さらには福利厚生制度は、地域的格差や企業規模別の格差が大きいものである。従業員組合はそうした格差を是正するメカニズムを有していない。そうした格差を縮小しようとする欧米の産業別組合とは構造的に異なっている。

(3)大半の従業員組合は会社とユニオンショップ協定を結んでいる。正規従業員は、ユニオンショップ協定によって、採用と同時に自動的に組合員となる。個々人の組合への加入意思は問われない。正規従業員は自動的に組合員になるため、従業員組合の団結力は弱い。かつて、争議の長期化に伴って従業員組合の中に第二組合を結成しようとする勢力が生まれたり、実際に第二組合が誕生することがよくあった。そうした第二組合の誕生の背景には、ユニオンショップ協定があった。欧米の産業別労働組合では、ユニオンショップ協定は存在しないのが一般的である。

(4)従業員組合の活動に専念する専従役員は、その会社の社員のなかから選ばれ、活動に専念していても社員の身分を保持している。社員の身分を保持しているので、会社の福利厚生施設を利用することができるし、会社を退職する場合、組合役員専従期間は会社の勤続年数に加算される。この在籍専従制度のために、専従役員が会社の定年に到達すると、自動的に組合員資格を失い、専従役員としての活動を終える。

専従役員の給与は、原則として従業員組合から支払われる。しかし従業員組合は、組合としての独自の給与表を持っていない。個々の専従役員の給与は、もし彼または彼女が専従役員になることなく社員として働いていたとすれば支給されていたであろう給与額を支給される。

従業員組合は、基本的にはアマチュア役員によって指導されている。従業員組合の大半の専従役員は、一期二年か二期四年で専従役員を降り、会社の業務に戻る。こうした慣行のため、生涯にわたって組合活動に専従するプロの専従役員はきわめて少ない。

従業員組合が専従役員の給与表を持っていないのは、従業員組合がアマチュア組織であることに起因している。二年か四年で専従役員を降りてしまうため、組合独自の専従役員給与表は不要と考えられている。

こうした従業員組合における専従役員のあり方は、産業別労働組合におけるプロとしての専従役員と基本的に異なっている。もちろん、産業別労働組合の専従役員は会社の社員ではない。

このように日本の従業員組合とヨーロッパの労働組合とは大きく異なっている。ここから二つの点を検討する必要がある。一つは、なぜ従業員組合が成立したのか、という問題である。もう一つは、従業員組合の本質をどう考えたらよいのか、という問題である。はじめに従業員組合が成立した理由から検討しよう。

なお、従業員組合を論じる上で、上部団体の性格と役割について述べる必要がある。多くの従業員組合は、上部団体に加盟している。上部団体にはさまざまなものがある。企業グループごとのグループ労連、産業別連合体、地域の労働組合協議会などである。これらの上部団体の性格と役割については、のちに検討する。

従業員組合の成立根拠にかんする二村説

なぜ従業員組合というようなものができたのかについて、もっとも深く考察したのは二村一夫である。二村［一九九四］「戦後社会の起点における労働組合運動」は、従業員組合の成立にかんする労働史研究の到達点でもあるため、くわしく紹介しよう。なお、二村はこの論文において、従業員組合を「労働組合」と表記しているので、ここでは私も「労働組合」と表記することにする。

なぜ戦後日本の労働組合は企業別組織となったのかについて、二村説以前においては、労働市場の企業別分断で説明する見解が有力であった。定年まで同じ企業に勤めるという長期雇用慣行のもとで、労働市場は企業別に封鎖されている。そのため企業別の組合が成立する、というのである。二村は、そうした見解を次のように批判する。

第一に、戦後労働組合の生成期に、労働市場はきわめて流動的であった。戦争中に軍需産業に動員された人たちが敗戦と同時に退職した。大量の復員者や引き揚げ者が職を求めていた。

第二に、「終身雇用慣行」が正規従業員全員にとって「権利に近い慣行」となったのは高度成長期である。戦間期において「終身雇用慣行」の対象となっていたのは職員と基幹的な熟練工だけである。

第三に、労働市場のあり方が労働組合の組織形態を規定するという主張が正しいとすれば、日本の労働市場はほぼ一貫して学歴別、性別に分断されてきたのであるから、日本の労働組合は、学歴別・性別組合になってしかるべきである。しかしそうした組織は皆無である。

二村は、なぜ戦後日本の労働組合は職場別組合・事業所別組合になったのかという問題設定そのものが誤っている、と主張する。どこの国、いつの時代であろうと、特別な条件がない限り、労働者が団結する際、ごく自然に選ぶ形態は職場別組織であるはずである。とくに戦後日本のように、解雇や生活難といった、職場の全員に共通する問題がある時、毎日顔を合わせ一緒に働いている者が集まり、共通の雇い主に要求を出すのはきわめて当然なことである。

説明を要するのは、欧米の労働組合運動の原型ともいうべきクラフト・ユニオン（同職組合）の成立についてである。なぜ彼らは、企業の枠をこえ、同職の者だけで団結したのであろうか。その理由は、西欧、中欧の中世自由都市で確立したクラフト・ギルドの慣行が、近代の労働組合運動に継承されたことにある。同職の者同士で団結し、徒弟の数の制限、労働時間や生産量の規制によって労働条件を維持しようとするのは、クラフト・ギルドとクラフト・ユニオンに共通している。同職の連帯感は歴史的に形成されたのである。

徳川時代の日本にも職人の組織は存在したが、ギルドのような自律性はみられず、入職規制もゆるやかで、職人の組織も運動もきわめて弱体であった。それが、日本の労働者が職能別や産業別組合を選ぼうとしなかった原因である。

では、工員と職員が同じ組織に属したのはなぜであろうか。戦後日本の労働組合の多くは工職混合組合である。そうなった理由を説明するためには、次の三つの問題に答える必要がある。

第一に、これまで労働運動に無縁な職員層が組合に参加した理由である。敗戦後のインフレと食糧難、それと空襲による被害などで、職員も工員同様に窮迫していた。また工場閉鎖や事業規模の縮小により、一般職員も解雇されていた。そうしたなかで、占領軍から労働組合の保護育成方針が出されたため、多くの職員は安心して労働運動に参加した。

第二に、職員が独自組織を選ばず混合組合に参加した理由である。二つのまったく相反する立場の者が、結果的に同じ選択をした。一つは労働運動に積極的に参加した若手・中堅職員、主として大学・高専卒職員がとった立場である。彼らは一九二〇年代・三〇年代にマルクス主義の影響が強かった高専・高校・大学で学び、戦争の惨禍も身をもって体験していた。彼らにとって組合は改革・革命の一翼をになう組織で、階層的な利害を超えた労働者階級の単一組織は、当然の選択であった。一方、経営者や幹部職員、さらに一般職員のなかにも、組合結成が避けがたいことを知り、また共産主義運動の台頭に危機感をいだいて、組合を「穏健」な立場に誘導しなければならないと考えた人びとがいた。彼らは、全従業員を包括する組織をつくり、それを指導しようとした。

第三に、工員側が工職混合組合を拒否しなかった理由である。おそらく、そこには日本のブルーカラーの間における労働者主義（labourism）の伝統の弱さがある。イギリスの労働者階級の間には「奴らと俺達」といった意識がある。事務職員はもちろん、職長も経営者と同じ「奴ら」であり、その「奴ら」と同じ組織をつくることなど想像もつかないことである。こうした意識は日本の労働者には無縁である。彼らの圧倒的多数は、できることならブルーカラーであることをやめたいと思っているからである。

以上が二村説の要約である。二村説は、それまでの企業別組合の成立にかんする通念を的確に批判し、説得的な分析をおこなっている。「なぜ戦後日本の労働組合は、欧米で一般的な職能別や産業別組合とならず、企業別組織となったのか」（二村［一九九四］四九）という問題設定をする限り、二村説は最終的な回答といえる。

しかし二村説は、従業員組合は労働組合である、という考えから出発している。そもそも従業員組合は労働組合であるのか、という設問をおこなっていない。従業員組合は労働組合であるのか、という問いに答えることこそ、日本の従業員組合を理解する上でもっとも重要な論点であるにもかかわらず、その論点が検討されていない。

従業員組合の原形

従業員組合は労働組合なのであろうか。たしかに、従業員組合は労働組合法上の労働組合と認定され、労組法を適用された。それが今日まで続いている。しかし、従業員組合は労働組合ではないにもかかわらず、まちがって労組法を適用されているのではないか。そして逆に、労組法を適用されているので労働組合と思われているにすぎないのではないか。

従業員組合は労働組合である、という通念は、決して証明ずみのテーゼではない。従業員組合を労働組合と見なす「常識」から自由になって、ありのままの従業員組合を理解する必要がある。

日本の労働組合法は一九四五年一二月に成立し、一九四六年三月から施行された。労働組合法は一九四九年五月に改正された。一九四五年に成立した労働組合法は旧労組法、一九四九年に改正された労働組合法は改正労組法とよばれている。

労組法上の労働組合と認定された団体は、団結権、団体交渉権、労働争議権が保障される。使用者が不当労働行為をおこなった場合、使用者は刑事制裁を受けるか（旧労組法）、団体は行政的救済を受けることができる（改正労組法）。労働組合法の適用を受けるメリットは大きいといえる。

しかし他方、労働組合法を適用されることによって、その団体は制限を受ける。たとえば、「主タル経費ヲ使用者ノ補助ニ仰グモノ」は労働組合とは認められない（旧労組法第二条）。このために、ある団体は、団体運営費のすべてを使用者からの補助金によって賄いたいと思っても、それができない。団体は、労働組合法の適用を受けることのメリットと引き換えに、労働組合法の規定に拘束される。そのため団体は、本来のあり方を修正せざるをえない。

それでは従業員組合の本来のあり方、すなわち原形はどのようなものであろうか。旧労組法は一九四六年三月一日から施行されているので、それ以前の従業員組合は労働組合法による変形をこうむっていない。しかし、それ以前といっても、従業員組合が本格的に結成され始めたのは一九四五年一二月からなので、従業員組合は結成とほぼ同時に労働組合法による制限を受けたことになる。厳密な意味で従業員組合の原形を知ることは不可能である。とはいえ、だいたいのことはわかる。

旧労組法時代、ＧＨＱの日本社会の民主化方針を受けて、行政当局は労働組合法を従業員組合に有利に解釈する傾向にあった。たとえば、「主タル経費ヲ使用者ノ補助ニ仰グモノ」は労働組合とは認められないという条項についても、そうであった。従業員組合の結成当初、専従役員の数は、組合員数にくらべて非常に多かった。専従役員の給与すべてを従業員組合が支払っていたならば、組合財政はたちまち破綻したであろう。そこで従業員組合は専従役員の給与の多くを会社に支払ってもらっていた。こうしたことについて行政当局は、組合の現状を考慮すると、やむをえない、として容認していた（野村［二〇〇七］第五章）。つまり、旧労組法時代、労組法は厳密には適用されず、従業員組合に有利なように解釈されていた。そのため、旧労組法時代において従業員組合は、自分たちのやりたいことがだいたいできていた。したがって、旧労組法時代の従業員組合のあり方がだいたいにおいて従業員組合の原形を表している、と考えることができる。

旧労組法時代の従業員組合を中央労働委員として直接的に観察した研究者が二人いる。一人は末弘《すえひろ》巌太郎《いずたろう》（一八八八〜一九五一年）、もうひとりは藤林敬三《ふじばやしけいぞう》（一九〇〇〜六二年）である。

末弘巌太郎による観察

末弘巌太郎は、東京帝国大学法学部において日本で最初の労働法の講義をおこない、一九二六年に改造社から『労働法研究』を出版した。労働法の専門家として旧労組法の成立に大きな役割をはたした。一九四六年三月に中央労働委員会委員を委嘱され、同年九月、労働問題に専念するため東京帝国大学を退官した。一九四七年一〇月に中央労働委員会会長になり、大きな労働争議の仲裁に中心的役割をはたした。

戦前の末広は労働運動と関係を持っていなかった。戦後、中央労働委員会委員として組合幹部や活動家と密接な関係を持つようになった。「今我国で私ほど実際の労働事情に通じているものはないといえるかも知れません」（末弘「労働運動の回顧と展望」『朝日新聞』一九四六年一二月三一日）と自負するのも、うなずける。

その末広が、一九四七年一二月に厚生省労政局主催で開かれた講演会で、「労働組合」の行動の「非常識」を列挙した（末弘［一九四九］一九一‐二〇一）。

(1)今の労働組合の人は何かというとすぐ労働組合法の条文を持出して、種々理屈をいう。そして法律上認められた権利をむやみに主張するばかりで、その権利を本当に行う作法を十分に心得ていない。

(2)組合事務に専従する組合幹部の数が非常に多い。その上それらのすべてが会社から給料をもらっている。彼らは会社から給料をもらいながら会社の仕事はせず、会社と闘争する立場の仕事をしている。単一組合の本部役員になって、会社には月給日しか顔を出さないものが、会社から給料をもらうのを当然のことのように考えている。

(3)組合の必要の時にいつでも組合活動をやってもよい、勤務時間中の役員会はもとより、組合大会をやるとか、デモに出かけるとかというようなことをやってもよいと考えている人が非常に多い。

(4)労働組合の人々はストライキをやってもそのあいだ給料をもらえるのを当然のことのように考えている。理屈をいってみればストライキは必ずしも労働者のみの責任ではなく、むしろ使用者側が悪いと考えられる場合もある。そういう場合、ストライキ中の給料をよこせというのならば話しはわかるが、そういう区別なしに、ストライキ中の給料は何でも彼でもとれるのが当り前であるように考えている。

(5)組合側の人が調停に臨む前、組合大会で種々のことを決めてきて、われわれの方では大会で決めたことだからこれ以上一歩も譲れないとか、組合で提出した労働協約の案は一字一句も変えることはできないというようなことをいつてがんばる例が非常に多い。

藤林敬三による観察

藤林敬三は、慶應義塾大学で労働科学を担当していた。末弘と同じく、旧労組法の成立に関与した。一九四六年三月の労組法施行にともなって神奈川地方労働委員会委員になり、一九四七年一〇月から中央労働委員会委員になった。

藤林は、先の末弘の指摘と同様な指摘をしている。その上でさらに、「組合費がこれでよいかと思われる程少額」であるにもかかわらず、「やれ文化的な諸活動だ、やれ共済的諸事業だ、やれ各種の福利厚生施設の運営だと、企図される組合活動は正に盛沢山」であること、そしてそうした活動のために「必要な経費と施設とは総てこれを会社側に仰」いでいる、と批判している（藤林［一九四九］八〇-八一）。

専従役員・書記給与の会社負担、就業時間内の有給での組合活動、ストライキ中の賃金支払い、会社負担による組合の文化活動・共済事業、これらを見て藤林は、「組合法第二条第二号の規定がなければ、この際組合費の全額会社負担という要求が現われて来ないとは、何人も決して断言し得ないであろう」（藤林［一九四九］八二）と記した。

藤林はまた、従業員組合が会社の人事に関与したことを指摘している。「むかしも今も、わが国の労働争議の一つの特色は、往々にして経営首脳者、あるいは労働者の指揮監督の地位にある人たちが、労働者によって排斥されることがあるという点である。（中略）人の排斥問題が明確に表向きにとりだされていない場合でも、よく争議自体を吟味してみると、問題の深底には経営首脳者排撃の意図が非常に強く存していることがあつて、しかもこのような場合が必ずしも珍らしくはない」（藤林［一九四九］五四-五五）。

藤林はさらに、労働争議がきわめて感情的になることも指摘している。藤林は、「ある著名な組合運動者」が口にした「全員的団体交渉」という言葉を引用しながら、次のように書いている。「これこそは集団の持つその場の異様な雰囲気に効果を求めようとするものであるといっていい——このために、争議における団体交渉に際して、経営者側には多分に身体的な苦痛と危険さえ感ぜられ、従って往々にして、経営者は争議に際して工場からはもとより、その私宅からも姿を消し、労働組合が置いてけぼりを食わされることも屢々経験されたところである」(藤林［一九四九］五二)。

従業員組合の自然な感情

末弘と藤林による以上の指摘のうち、いくつかの点は、自然なものとして理解できる。

安易に争議をおこなうという点については、戦後直後の解放感や怒りから理解できる。戦争中に思想や信条を抑圧されていた人たちは、敗戦とともに解放感を味わった。戦争中に権力者の言説を信じていた人たちは、だまされた、と怒りを感じていた。労働争議は、そうした解放感や怒りをあらわすものでもあった。

また、組合大会で決めたことをひたすら押し通す硬直した交渉姿勢は、組合民主主義にかんする組合幹部の考えをあらわしている。組合大会で決めたことを実現できない場合、組合幹部は、組合員から実力不足を批判されたり、もっと悪い場合には「ダラ幹」(堕落した幹部)呼ばわりされた。それを恐れた幹部は、会社との交渉において、硬直した姿勢を崩さなかった。日本の組合幹部は現在においても、何かを決めようとすると、さまざまな会議を開き、下級役員や一般組合員の了解を得ようとする。執行部独走という批判を避けたいのである。

さらに「全員的団体交渉」も、従業員組合の考える組合民主主義のあらわれであった。団体交渉は、会社の代表と組合の代表との交渉なので、双方からせいぜい一〇名程度が出席すれば十分なはずである。しかし当時、そうした交渉は民主主義とは見なされなかった。できるだけ多くの組合員が参加することが「組合民主主義」であった。一般組合員は「ボス交」に不信感を持ち、組合幹部は「ボス交」と非難されることを恐れていた。当時、「ダラ幹」は「ボス」とも呼ばれていた。一般組合員の知らないところで「ボス」が会社と裏取引することが「ボス交」であった。「ダラ幹」という言葉も「ボス交」という言葉も一九七〇年代までは大衆運動用語として広く使われていた。しかしその後の大衆運動の消滅とともに、死語となってしまった。

ちなみに、一九六八／六九年に燃え上がった大学闘争においても、学生が大学当局に要求したのは「全員的団体交渉」であった。日本の大衆運動には「全員的団体交渉」がつきものである。

労働組合として「非常に非常識」な行動様式

末弘と藤林の指摘のうち、従業員組合を労働組合と見なすと説明できないのは、次の五点である。

① 会社が従業員組合の専従役員や書記の給与を支払っている。

② 勤務時間中に従業員組合の活動が自由におこなわれ、通常の賃金が支払われている（「ノーワー

ク、ノーペイ」原則の否定)。

③ 会社が争議の終了後、ストライキ期間中の給与を支払っている。

④ 会社が従業員組合の文化活動・共済事業の費用を負担している。

⑤ 経営幹部や現場監督者が従業員組合によって排斥されることがある。

末弘([一九四九]一九七)は、こうした従業員組合の思想と行動を「非常に非常識」と批判した。藤林([一九四九]八三)は、「簡単には理解し得ない」と表現した。

従業員組合のこれらの考え方や行動が「非常に非常識」と見えるのは、従業員組合を労働組合と見なしているからである。

労働組合であるならば、従業員組合は会社から独立した労働者団体でなければならない。財政的に会社から支援してもらうなどということは、あってはならない。ストライキ中の生活費は、組合のストライキ資金によってまかなわれるべきである。労働組合は、会社の人事権をおかすことになるから、会社の人事に介入してはならない。

従業員組合を労働組合と見なすならば、従業員組合の行動は、たしかに「非常に非常識」である。しかし、当の従業員組合は、自分たちの思想や行動が「非常に非常識」とは思っていなかった。藤林は、「組合法第二条第二号の規定がなければ、この際組合費の全額会社負担という要求が現われて来ないとは、何人も決して断言し得ないであろう」と記した。その通りである。従業員組合にとって、

「組合費の全額会社負担」も「非常に非常識」なことではなかった。労働組合法のためにやむなく「組合費の全額会社負担」をあきらめただけの話である。

争議中の賃金の後払い

会社も、「全員的団体交渉」を別として、従業員組合の考え方や行動を「非常に非常識」と思っていなかった。従業員組合が組織運営や組合活動のすべてを会社のカネでおこなうことについて、強力に抵抗した会社はない。争議中の賃金の後払いについても同様である。

戦後の労働攻勢に対抗するために経営者側は、一九四六年六月に関東経営者協会を、さらにそれを足場に一九四八年四月、日本経営者団体連盟（日経連）を結成した。「労資関係の健全な発達を推進する」（規約第二条）ことを目的とした日経連は、一九四八年六月に、労働協約の根本方針を決定した。その中に、ストライキ中の賃金にかんする条項もあった。その基本的考えは、「争議中の賃金は、ノーワーク・ノーペイの原則によることが妥当だから、これも支払うべきではないと考えられる。ただ、争議解決後に金円を出すかどうかは別個の問題である」（日経連三十年史刊行会［一九八一］二〇八）というもので、争議終了後に会社が金銭を支払うことを排除しなかった。経営側も、ストライキ中の賃金を後から支払うことに違和感を持っていなかった。

たしかに、会社側が争議中の賃金支払いを拒否し、紛争になったことがある。東京芝浦電気（東芝）である。一九四八年、本社従業員の争議行為を理由として、会社は五月分の給与から一週間分の給与額を差し引いた。これについて当時の東芝労働組合連合会中央執行委員長・石川忠延〔一九八六〕五八）は、「占領軍のノーワーク・ノーペイに義理立てした者が、いったん給料袋に入れた月給から一週間分を抜き取り、筋を通してしまった」として、会社の自主的な決定ではなかったことを明らかにしている。

争議期間の賃金を支払わないという慣行は、一九五三年の日産争議で確定した。この年の五月、全日本自動車産業労働組合日産自動車分会（全自日産分会）は賃金要求を含め八項目の要求を大会決定し、会社（日産自動車）に提出した。会社は日産分会の要求を全面的に拒否するとともに、ノーワーク・ノーペイの原則を承認するよう日産分会に迫った。

この日産争議は、会社が全自日産分会による職場規制を打ち破ろうとした争議として名高い（上井〔一九九四〕第二章）。日産争議においては、争議中の賃金を後払いするかどうかについても争われていた。そして争議終結にさいして、全自日産分会は「作業場閉鎖中の賃金は支給しない」という会社側の方針を受け入れた（日産労連運動史編集委員会〔一九九二〕下、第一七章）。これ以後、他社においても、争議中の賃金は支払われないことが通例となった。

しかし、こうした日産の強硬な態度は、ノーワーク、ノーペイの原則を貫徹した結果だとはいえない。従業員組合から共産党員とその同調者を排除するレッドパージの一環と見るべきである。この時期、日経連は左翼労働運動を押さえ込むことを最優先課題としており、日産はその最前線に立たされていた。

改正労組法と従業員組合への利益供与・便宜供与

旧労組法は一九四九年に改正された。その狙いの一つは、会社による従業員組合への利益供与・便宜供与を厳しく制限することであった。その狙いは達成されたのであろうか。

一九七三年に東京都労働委員会公益委員として花見忠〔一九七三〕一〇一）は、従業員組合の実態を次のように報告している。

「組合事務所はもとより、在籍専従、組合費のチェック・オフ、場合によりヤミ専従、就業時間中の組合活動の保障（有給）、会議室その他集会場所の供与、コピーなどの器具類の無償使用や文房具類の提供まで行なわれていることも少なくないなど、あまりに度のすぎた便宜供与の事実は、このような組合と使用者との関係（なれ合いの情緒的関係、保護と依存の関係――野村）によって始めて理解できる。このような度のすぎた便宜供与は、大企業ほど極端であり、これらの組合は組合活動をもっぱら会社の経済的負担においてやっているといっても過言ではない」。

引用文における「ヤミ専従」は、「闇専従」と書く場合もある。会社から給与支払いがなされている組合専従のことである。そのようなことは改正労組法で禁止されている。会社の外に知られないようこっそりとおこなわれているため、「ヤミ専従」と呼ばれる。

花見のこのような指摘は、改正労組法以後も、従業員組合の活動は会社による利益供与・便宜供与の上に成り立っているという現実を明らかにしている。

従業員組合の本質

従業員組合を労働組合と見なすと、従業員組合の行動は「非常に非常識」と批判するしかない。しかしそれは、従業員組合は労働組合であるという思い込みにもとづく批判にすぎない。従業員組合は労働組合であるという思い込みを捨て、従業員組合を内在的に理解する必要がある。

従業員組合は会社の一部であると考えると、従業員組合の考え方と行動様式は、ごく自然なものとして理解できる。

まず、従業員組合の組合員資格を見よう。B社の従業員はA社の従業員組合の組合員になることができない。なぜならば、A社の従業員組合はA社の一部なので、A社の従業員しか組合員になることができないからである。また、A社の正規従業員はA社の従業員組合の組合員にならなければならない（ユニオンショップ）。A社を退職した場合、即時にA社の従業員組合の組合員ではなくなる。

従業員組合の専従役員は在籍専従である。従業員の籍を保持したまま組合の業務に専念している。従業員の籍を保持しているので、組合の業務に専従している期間は会社の勤続年数に加算される。また、会社の福利厚生施設も一般の従業員と同じく利用できる。在籍専従は従業員組合が会社の一部であることを端的に示している。

従業員組合は、特定の幹部や監督者を排斥するという形で、会社の人事に口を出した。従業員組合は会社の内部組織なので、会社のことは組合のことでもある。会社の人事に口を出すのも自然である。

従業員組合の専従者にたいする会社からの給与支払いも、従業員組合は会社の一部なのであるから、当然のことである。就業時間内の組合活動に給与が支払われるのも、組合活動は会社の活動でもあると考えられているので、これまた当然のことである。

ストライキ中の給与がストライキ後に支払われることも、組合活動＝会社活動という考えからすれば、当たり前のことである。ストライキは会社の考えに反対しておこなわれるのであるから、ストライキが会社の活動の一環であるはずがない、という理屈は、従業員組合の考えではない。従業員組合は、経営者の誤った方針に対して、会社のために正しい施策を要求する。その手段が争議である。したがって、ストライキは会社のための活動である。その活動に賃金が支払われるのは当然である。

東京大学文学部社会学教室は、一九五〇年代前半の従業員意識調査から、二重帰属意識を見いだした。二重帰属意識とは、「会社組合をともに支持し、この両者のいずれに対しても協力的で信頼感の高いもの」（尾高［一九六三］三六三）を指している。従業員意識調査は、二重帰属意識をもつ従業員が、会社一辺倒、組合一辺倒、是々非々、会社と組合の双方に不満を持つ不平分子というタイプよりも多い、という事実を発見した。従業員のあいだにおける二重帰属意識の優位は、従業員組合が会社の一部であると考えれば、容易に説明がつく。

従業員組合による共同体的上部構造の形成

従業員組合は会社の共同体的上部構造を形成する上で決定的役割をはたした。それは三点においておこなわれた。①生活共同体の創設、②身分制の修正、③雇用維持、である。

① 生活共同体の創設

従業員組合は、日本経済の崩壊と深刻な食糧危機に直面し、会社・事業所を生活共同体にした。従業員組合独自で、あるいは会社と一緒に、ともかくも生きのびるための食糧確保に全力をあげた。それは、文字どおりの生活共同体であった。

日本鋼管鶴見製鉄所労働組合の初代厚生部長の思い出は、当時の状況をいきいきと伝えている。鋼管鶴鉄労組は、とにかく食糧を確保しようと、食糧と交換するものとしてもっとも有利であった塩を工場でつくりはじめた。そして県外にまで甘藷を求め、塩と交換して従業員に配った。こうして従業員とその家族は生きのびた（日本鋼管鶴見製鉄所労働組合［一九五六］八四‐八五）。

② 身分制の修正

初期の従業員組合が要求したのは、「経営民主化」であった。「経営民主化」というスローガンはいろいろな要求をあいまいに含んでいた。戦争責任の追及、社内機構の民主化、経営協議会の設置などである（兵藤［一九九七］上、四九）。「経営民主化」というスローガンのもとで実行され、それ以後の経営にきわめて大きな影響をあたえたのは、身分制の改革である。

身分制度は目に見える差別をともなっていた。従業員組合の身分制度撤廃の要求は、最初、この目に見える差別を撤廃することに向けられた。GHQの民主化方針、自分たちこそ軍国主義を一掃すべき任務をおびているという従業員組合の勢い、財閥解体や経営者の公職追放によって弱体化した会社側、これらの条件のもとで、目に見える差別の撤廃は容易に実現した。

問題は、学歴別・性別に仕切られた経営秩序という身分制の本質をどう変革するのかにあった。この変革は大変むずかしいものであった。

まず性別に仕切られた経営秩序については、男性と女性の均等待遇などほとんどまったく議論されなかった。男性と女性は社会的役割が異なっており、女性が男性と異なる扱いを受けるのは当然と考えられていた。戦後直後の時期における労働運動において、身分制の一つの柱である男女別に仕切られた経営秩序を撤廃しようとする動きはほとんどなかった。

男性従業員の学歴別管理についても、その撤廃はほとんど不可能であった。定期採用された新規学卒者は仕事の経験がない。しかし、会社として、学校を卒業したばかりの中卒者、高卒者、大卒者に学歴とは関係なく仕事を割り当てることはできない。技術部門を例にとれば話はわかりやすいであろう。大学工学部卒者と工業高校卒者とでは、学校で学んだ工学の水準が異なっている。中卒者であると、基礎的な理科の知識しかないであろう。技術部門ほど明確ではないにしても、事務部門においても知識量の格差は存在する。こうした格差のため、定期採用を軸とした日本の人事管理では、どうしても学歴別の人事管理が基本となる。そうだとすれば、身分制の撤廃は不可能ということになる。

一方で、工員は身分制に怒っていた。進歩的な職員も身分制を廃止すべきだと考えていた。そこで従業員組合は身分制の廃止を強く要求した。他方で、定期採用を採用の基本とする会社は、学歴別の管理を廃止することはできない。会社のこの窮地を救ったのが、資格制度であった。

資格制度は職能資格制度とも呼ばれ、日本独特の制度である。したがってそれに対応するヨーロッパ系言語の言葉はない。

日本の大会社は、従業員の待遇について、部長―課長―係長――一般社員などという職制とは別に、個々人の能力・仕事内容・達成度・勤続年数などを総合的に評価して従業員を格付している。この格付制度が資格制度である。通常は資格制度が給与と昇進にリンクしているため、資格制度が人事管理の基本となっている。

資格制度は学歴別管理となっている。戦前の会社身分制度と戦後の資格制度は、学歴別・性別に仕切られた経営秩序という本質的部分で同一のものである。しかし本質的には同一であっても、両者のあいだには目に見える違いがあった。

第一に、身分制度は職員と工員のあいだに、福利厚生や生活面でのさまざまな格差や人格的な支配服従関係を付随していた。戦後の資格制度は、そうした目に見える福利厚生や生活面でのさまざまな格差や人格的な支配服従関係を付随していなかった。

第二に、賃金制度についても、多くの会社で職員と技能員は基本的に同じ制度を適用されるようになった。戦前のような、社員は月給、職工は日給というような根本的な違いは消滅した。

第三に、戦後においては多くの大会社で、「青空の見える人事管理」というスローガンのもとに、技能員が職員になる道や、さらには管理職に昇進する道を設けた。戦前でも、登用による身分の上昇は可能であった。しかし戦後の資格制度は「青空の見える人事管理」というスローガンとともに普及した。それは登用への大きな希望をいだかせるものであった。

第四に、工員にとって身分制度はきわめて否定的なものとして理解されていた。身分制度と資格制度は、学歴別・性別に仕切られた経営秩序という本質では同じである。本質は同じでも、それを表現する言葉が身分制度から資格制度に変わったことによって、性別・学歴別に仕切られた経営秩序の否定的なイメージが大幅に薄められた。「〝身分〟という言葉の響きに対する敏感の度合いが〝資格〟という言葉で和らげられた」(『マネジメント』一九五四年二月号、二七)のである。

学歴別・性別に仕切られた経営秩序は、戦前においては身分制というハードな形をとっていた。それが戦後においては資格制度というソフトな制度になった。そのことによって共同体的上部構造が形成される前提条件ができあがった。

③　従業員組合による雇用の保証

生活共同体の構築、身分制の改革に加えて、従業員組合は会社の解雇権を制限した。戦後当初の労働協約における解雇制限条項は会社ごとに表現が少し違っていた。組合員の解雇について、日本鋼管では組合との「協議決定」、東芝では「組合の同意」、王子製紙の場合は組合との「協議」が必要とされていた。協約の言葉としては、「同意」と「協議」とでは、解雇を制限するうえで大きな違いがある。「同意」であると、会社は組合の同意がない限り組合員を解雇することができない。しかし「協議」であると、組合の同意が得られなくても、協議をおこないさえすれば、会社は解雇することができる。しかしながら労働協約がむすばれた時点での労使関係からすれば、「同意」も「協議」もたいした違いはなかった。大量の解雇に対して従業員組合が大争議を起こすことはほぼ確実であった。

実際に解雇をめぐる大争議がおきたのは、ドッジ不況の一九四九年から五〇年にかけてであった。人員整理の規模は一九四九年に八八一四事業所、四三万五四六六人であった（大河内［一九六六］一三九）。

人員整理がおこなわれた会社では、激しい労働争議になった。たとえばトヨタ自動車では一九五〇年四月七日、全日本自動車産業労働組合トヨタコロモ分会執行委員長が「争議行為通告書」を会社に送り、九日から争議行為に入ることを伝えた。それから六月一〇日の労使による覚書調印までの二ヶ月間、四回にわたる一日ストライキを含め、トヨタコロモ分会による激しい職場闘争が展開された。そのため、三月には月産九九二台であった生産が、四月には六一九台、五月には三〇四台へと低下した。争議は二一四六名の退職者を出して終結し、会社側の意図した結果になった。とはいえ、争議終了直前に豊田喜一郎社長、隈部副社長、西村常務の三人が争議の責任をとって辞職した。会社も満身創痍になった（愛知県［一九八二］第四章、トヨタ自動車工業株式会社社史編集委員会［一九五八］三〇三－三一四）。

こうした大争議は会社に大きな教訓を与えた。雇用を維持することの重要性である。この大争議以後、大量の指名解雇は日本の会社にとってきわめてセンシティブな経営事項となった。

従業員組合の興隆と衰退

従業員組合は、会社の共同体的上部構造を形成するうえで、決定的な役割をはたした。その従業員組合が、なぜ一九五〇年代後半以降、存在感を喪失していったのであろうか。この問いは、従業員組合はなぜ戦後初期において大きな影響力をもったのか、という問いと同義である。

従業員組合が大きな力を持った一つの理由は、会社による従業員統制力が敗戦とともに大きく低下したことである。GHQによる財閥解体は、企業経営に重大な影響を与えた。戦前からの主要な経営者は公職追放によって会社から排除された。それまで工場長や支店長を務めていた人物がいきなりトップマネジメントに昇進した。昇進した当初、トップマネジメントとしての力量はまだ十分ではなく、そのようなときに従業員組合の労働攻勢にあった。会社が防戦一方になったのも当然である。

従業員組合が戦後直後、会社秩序を形成するうえで大きな力をもったのは、従業員のエネルギーを結集できたからである。多くの職員が、戦争を防げなかったことや心ならずも戦時体制に巻き込まれたこと、あるいは戦地での悲惨な経験から、新しい社会をつくりたいと強く願った。工員は軍人・政治家・資本家にだまされていた、と怒っていた。そうした職員や工員が従業員組合に結集した。

従業員組合の結成について注目すべきは、従業員組合に加入する資格を有しているのは誰なのか、という点である。資格と書いたが、現実には義務といった方が正確である。加入資格のある者は全員、加入する義務がある、と考えられていた。

従業員組合に加入する資格を有している者が自発的に従業員組合に加入したのであれば、ということは、加入する資格を有しながらも加入しない者もいるということであるが、従業員組合は今日のようなあり方とは異なったものになっていたであろう。しかし現実には、資格＝義務、という非常に変な考えが常識となっていた。従業員組合が結成されるとき、ごく少数の会社側と思われる幹部や職員を除いて、職場単位で、あるいは事業所単位で、全員が一斉に組合に加入した。個々人は加入の意思の有無を問われなかった。

従業員組合の活動力について注目すべきは、組合員資格＝義務の上限である。旧労組法時代、多くの従業員組合は高級職員を組合員にしていた。末弘〔一九五四〕二三〇）は、「アメリカならば問題なく組合に入ってはならない高級従業員までが一般従業員とともに一つの組合を組織しようとする。そして、一般従業員もなるべく高級の従業員までも組合に入れようと、希望している」と記した。藤林〔一九四九〕八七‐八八）は、「工場長が組合長である労働組合のあるのを知つて大いに驚かされ」た。また、「数千人の従業員を持つ工場で、その工場長一人だけを除いて他全員が組合員であるという労働組合が東京や横浜にある」ことにも大きな違和感をいだいた。

高級職員が組合員となっている場合、従業員組合の在り方について二つのケースがあった。

一つのケースは、従業員組合の御用組合化である。工員と職員を含む混合組合にあっては多くの場合、職員が指導的立場にあった。そのような場合、高級職員が会社側の立場に立つと、その従業員組合は、容易に御用組合となった。

もう一つのケースは、それとは逆のケースである。戦後まもなくの間、「悔恨共同体」（丸山〔一九八二〕）に加わった高級職員は少なくなかった。そうした高級職員は、会社の「民主化」を要求する従業員組合を指導したり、あるいは積極的に支援した。

かつて総評議長の太田薫は、「日本の労働者は、企業内ではよわく、企業外ではつよい」と指摘した。「長く一企業にしがみついて、将来の身の安泰をはかろうとするので（中略）職制にはよわく、しかし企業外で職制の圧迫から離れると本来の抵抗心が強くでる」（太田［一九六二］三六‐三七）というのである。

高級職員が従業員組合を指導したり支援した場合、職制に弱いという日本の労働者の特質は、会社への闘争心をいちじるしく強化した。一般従業員にとって直接の上司が会社を批判し、要求を突きつけるのであるから、職制に弱い一般従業員は職制に追随して戦闘的に闘うことになる。

従業員組合にとってもっとも重要な高級職員は、課長層であった。今日の大企業では多くの課長ポストがある。しかし課長ポストの数が増えたのは高度成長期である。それ以前においては課長の数はごく限られており、課長の地位は今日考えられているよりもはるかに高いものであった。その課長層を組合員にすれば、会社側の人数は、ほんの一握りになる。たとえば、トヨタ自動車では人員整理を争点とした一九五〇年の大争議の時、課長層は組合員であった。争議の時、およそ八〇〇〇人の従業員がいた。課長層という高級職員まで組合員であったため、会社側の人間は、「役員一一名と非組合員（次長以上の従業員、秘書、経営調査室幹事、総務部各課長など）三十数名という少数」（トヨタ自動車工業株式会社社史編集委員会［一九五八］三〇八‐三〇九）にすぎなかった。

なお、従業員組合が次々に結成されていく時期、非正規従業員はほとんどいなかった。戦時経済体制において配置された徴用工員、女子挺身隊、動員学徒などは、敗戦と同時に、自発的に退社するか、解雇された。

組合員資格の下限が問題となってきたのは、敗戦から数年後である。多くの会社が臨時工を採用しはじめた。ここでのテーマではないので、ごく大雑把にいってしまえば、従業員組合は臨時工などの非正規従業員の組織化に関心を示さなかった。一部の左翼的従業員組合は非正規従業員の正規化を要求したが、その場合でも、非正規従業員を非正規従業員のままで従業員組合の組合員にすることはなかった。左翼的・戦闘的な活動で名高かった日産自動車の従業員組合（全自日産分会）がこのような政策を典型的に表現している（吉田［二〇一一］［二〇一三］［二〇一五］［二〇一六a］［二〇一六b］）。

一九五〇年代、従業員組合の活動力は急速に衰えていった。敗戦後に従業員組合の大きな影響力を可能にした条件が失われていったからである。

まず、会社側が統制力を回復した。統制力の回復にとって三つのことが貢献した。第一に、経営者としての企業横断的結束である。一九四六年六月に関東経営者協会が、さらにそれを足場に一九四八年四月、日本経営者団体連盟（日経連）が結成された。経営者団体の結成によって会社側は労働運動にかんするさまざまな情報を入手することができるようになった。それだけでなく、大きな争議に直面した会社は、日経連から助言や指導を受けた。

第二に、戦後に登場した若い経営者たちが、労働攻勢や困難な経営環境に取り組むなかで、急速に経営者としての力量を蓄積した。しかも戦後の新たな経営環境に適応した経営者となった。

第三に、ＧＨＱの指令にもとづく一九四九／五〇年のレッドパージによって、会社から共産党員とその同調者を追放することに成功した。これによって従業員組合の戦闘力は大きく低下した。

会社の統制力の回復によって、会社は課長クラスの非組合員化を実現した。トヨタにおいて課長層が非組合員となったのは、一九五六年である（鈴木［一九八三］五五）。日産自動車においては一九五三年であった（日産労連運動史編集委員会［一九九二］下、四六‐四八）。職制に弱い一般組合員は、課長層が会社側につくことが明らかになった時、会社に対する戦闘力を失った。

そうした純然たる力関係だけでなく、内的にも従業員組合はエネルギーを燃焼しつくした。十分ではないにしても、従業員組合の主要な要求がともかくも実現されたからである。

戦後初期における従業員組合の要求は「経営民主化」に集約される。それはいろいろな要求をあいまいに含んでいた。戦争責任の追及については、財閥解体にともなう経営者の公職追放によって実現した。身分制については、身分制にともなう目に見える差別が廃止された。本質的には身分制と同じものでありながら、ソフトな資格制度となることによって、工員層の怒りが消えていった。長続きしなかったとはいえ、経営協議会も設置された。こうして要求が実現したことによって、従業員組合をささえてきた情念は消散していった。

「労働組合」の重層的定義

一九五〇年代に従業員組合の存在感が消失していった、という理解は、通説的イメージと異なっている。通説的イメージでは、労働運動のプレゼンスが大きく衰退していくのは一九七〇年代である。

一九七三年の第一次オイルショックは、高度成長を背景とした大幅賃上げ運動を終わらせた。春闘方式を生み出した太田薫が一九七五年に「春闘の終焉」（太田［一九七五］）を宣言したことは、象徴的であった。さらに、一九七五年の公共企業体等労働組合協議会（公労協）による大規模なスト権スト（一九四八年の政令二〇一号によって争議権を奪われた公共企業体労働者によるスト権奪還のためのストライキ）は完全な失敗に終わった。これらが、労働運動が衰退に向かう大きな契機となった、というのである。

通説的イメージは誤っている。しかし、そのようなイメージが形成されたのには、理由がある。その理由を理解することは、今後、ブラック・アンド・ホワイト企業への対応策を考える上で重要である。

通説的イメージは、「労働組合」のあいまいな理解にもとづいている。そして、そうしたあいまいな理解は、労働組合法による「労働組合」の重層的定義に起因している。

労組法第二条は、「『労働組合』とは、労働者が主体となつて自主的に労働条件の維持改善その他経済的地位の向上を図ることを主たる目的として組織する団体又はその連合団体」である、と定義している。つまり、単一の団体とその連合団体がともに「労働組合」とされている。ここから、ほとんどの「労働組合運動史」は、単一の団体とその連合団体を区分することなく、ある場合には単一の団体の活動を、ある場合には連合団体の活動を適宜おりまぜて叙述する。しかし、単一の団体と連合団体とは、組織構造も理念も大きく異なっており、ごたまぜに論じられてはならない。

話を簡単にするために、一つの企業に一つの従業員組合が存在すると仮定する。また、従業員組合が直接加盟する上部団体は産業別連合体とする。そして産業別連合体が集まった連合体（ナショナル

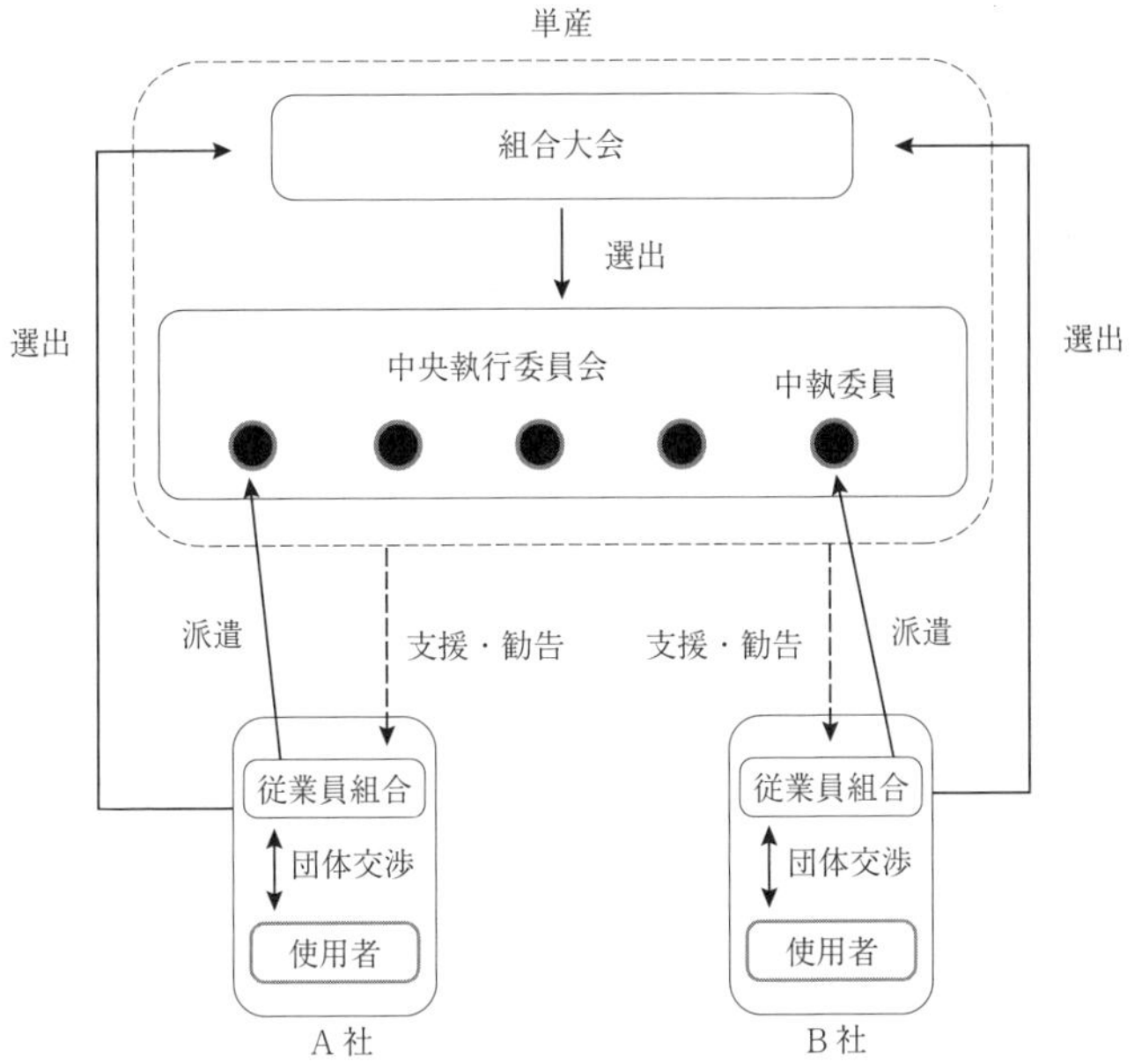

図4-1　日本の産業別連合体（概念図）

センター）としては日本労働組合総連合会（連合）のみを取り上げる。

従業員組合と産業別連合体との関係を図式化すると、図4-1のようになる。両者の関係は次のようになっている。従業員組合は組合員から組合費を徴収し、独自に政策決定し、会社と団体交渉をおこなう。産業別連合体は、従業員組合から上納される組合費で運営される。産業別連合体がおこなうのは、従業員組合に勧告したり、あるいは必要な場合に援助をすることだけである。従業員組合あっての産業別連合体であり、その逆ではない。従業員組合あっての産業別連合体であることをもっともよく示しているのが、専従役員の給与である。産業別連合体の執行部は中央執行委員会である。中央執行委員の大半は専従役員である。彼らのほとんどは有力な従業員組合から派遣されている役員で、派遣元の従業員組合から給与が支払われている。

従業員組合の連合体である産業別連合体が何の権限も持っていないのであるから、産業別連合体の連合体であるナショナルセンターに権限があるはずがない。

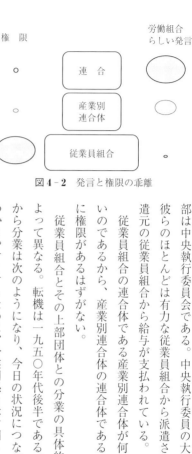

従業員組合とその上部団体との分業の具体的あり方は、時期によって異なる。転機は一九五〇年代後半である。一九五〇年代後半から分業は次のようになり、今日の状況につながっている。叙述をわかりやすくするために、分業関係を示す図４－２を掲げておく。

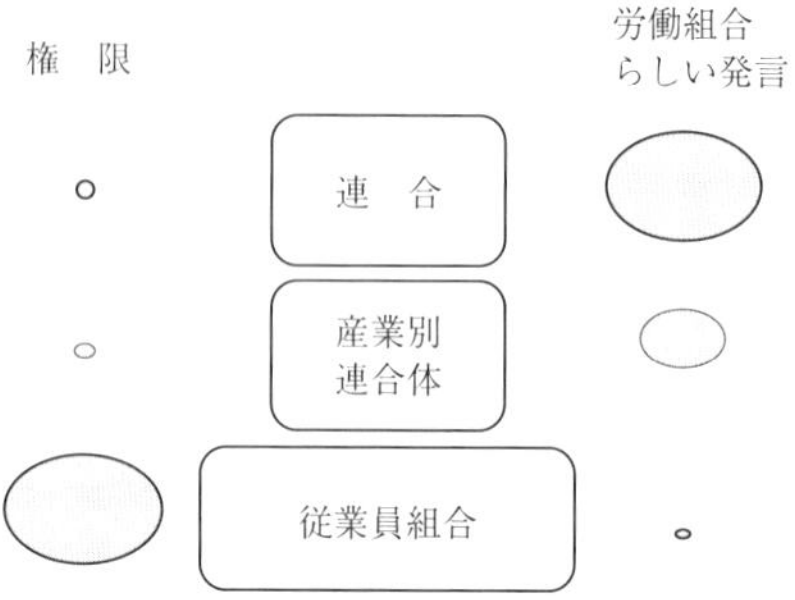

図４－２　発言と権限の乖離

主権をもった従業員組合は、会社内の労使信頼関係の形成・維持に専念するようになった。会社の外に対してはほとんど発言しないし、自らの情報を公開することもない。ほぼ完全に企業内の存在に特化している。そのことは、従業員組合のホームページを見れば一目瞭然である。公開された情報はほとんどなにもなく、ＩＤとパスワードを持つ組合員のみがホームページの情報にアクセスできるようになっている。従業員組合は会社内の労使信頼関係の形成・維持に専念している。といっても、会社内の労使関係は会社側の圧倒的優位のもとにある。

従業員組合とは対照的に、産業別連合体や連合は、マスコミにたいしても、あるいは広く社会にたいしても、「労働組合らしさ」を意識的に強調している。産業別連合体や連合のホームページには、政策や活動記録が人目を引くように掲載されている。「労働組合らしさ」とは、労働条件の改善にとどまらない。産業別連合体や連合のホームページは、賃金引き上げや労働時間の短縮というような要求にとどまらない広汎な政策目標を掲げている。

つまり、権限を持っている従業員組合は企業内に閉じこもり、対外的に発言しない。そして権限を持たない産業別連合体や連合が「労働組合らしさ」を意識した発言をするという分業関係が形成されている。

産業別連合体や連合に権限はないと書いたが、そのことは、産業別連合体や連合が無意味な存在であることを意味していない。産業別連合体や連合は「労働組合」とされており、労働者の意見を代弁するものとされている。そのため産業別連合体や連合は業界団体や使用者団体と意見交換する機会が数多くある。また、労働や生活にかんする中央政府や地方政府の審議会などに委員として出席し、法律の作成過程や政策立案に関与している。実際にその発言力がどの程度かは、一概にはいうことができない。しかし、微なりといえど発言していることは、発言の機会がない場合とくらべて、影響力はあるといえる。しかしその発言力は個別企業にむかっての直接的発言力ではなく、中央政府や地方政府などの公権力に向かっての発言力である。そうした公権力を介して間接的に個別企業にたいする影響力を有している。

こうした分業構造はブラック・アンド・ホワイト企業の改革について考える時に一つのポイントに

なるが、それをここで論じることはやや早計である。その前に従業員組合が存在感を喪失した後の共同体的上部構造の行方を見ておかねばならない。

会社による共同体的上部構造の維持・展開

会社による共同体的上部構造の維持・展開を具体的に理解するために、トヨタ自動車のケースを取り上げよう。

トヨタにおける一九五〇年の大争議は、会社に共同体的上部構造をつくることの必要性を痛感させた。もちろんトヨタは、共同体的上部構造をつくる必要性をこの争議によってはじめて認識したわけではない。それ以前から、会社に敵対的な組合の体質と方針を変えさせようと考えていた。大争議はその必要性を決定的にした。トヨタは共同体的上部構造をつくるために、二つのことをおこなった。

一つは、レッドパージ、すなわち共産党員やその同調者の追放である。レッドパージは、通常、一九五〇年五月にマッカーサーが共産党を法の保護外に置くと示唆したことを発端とし、六月以降に本格化したとされている。しかしレッドパージは、秘密裏に一九四九年からはじまった。一九四九／五〇年の企業整理・行政整理にさいして、多くの会社は、共産党員やその同調者を解雇者に含めることによって、レッドパージをおこなった。トヨタにおいても、大争議となった大量人員整理にさいして、三五〇名の共産党員を解雇者のなかに含めて解雇した。その結果、一九五〇年九月時点で挙母《ころも》工場の共産党員はゼロとなり、共産党の「同調者」二七名を残すだけとなった（三宅［一九九四］三三）。

もう一つが、会社によるさまざまな形での従業員の組織化であった。トヨタは、従業員を網の目のように組織しはじめた。それは「人間関係諸活動」と呼ばれ、四つの柱からなっていた。(1)社内団体、(2)トヨタクラブ、(3)寮自治会・社宅会、(4)ＰＴ運動である（「人間関係諸活動」については、小山編［一九八五］二六七‐二八五、野村［一九九三］一一〇‐一一二）。

(1)社内団体。社内団体の全体像は図４‐３のようになっている。社内団体のなかで重要なものは職制別グループと男子出身別グループである。トヨタ自動車の人事担当者は、社内団体の結成について、一九五〇年争議を契機としていることを率直に記している。

「ますます紛争（一九五〇年争議――野村）も深刻化するにしたがい、心ある従業員の中から、会社と従業員がもっと話しあい、理解しあって共通の基盤のうえにたち会社を発展させ、また従業員の生活向上をはかるべきだという動きが起こった。その動きの主体が現在の豊養会（養成工出身者の社内団体）のメンバーたちであった。これにより、会社、従業員間の相互不信の関係がほぐされ、従業員も意見や考え方を会社に率直に伝えるとともに、また反面会社のおかれている実情、立場を知るようになってきたのである。こうしてこれが、労使相互信頼、相互理解の回復の大きな原動力となった。さらにこの動きが大学卒の人たちによる豊進会の結成をうながし、現在のような社内団体の姿となったのである」（坪井［一九七二］八〇‐八一）。

実際の活動としては、運動会、駅伝大会、ウォーキングラリー、ソフトボールをはじめとする各種体育行事が多く、ナイター観戦、みかん狩り、旅行、ダンスパーティなどもある。そのほかに、講演

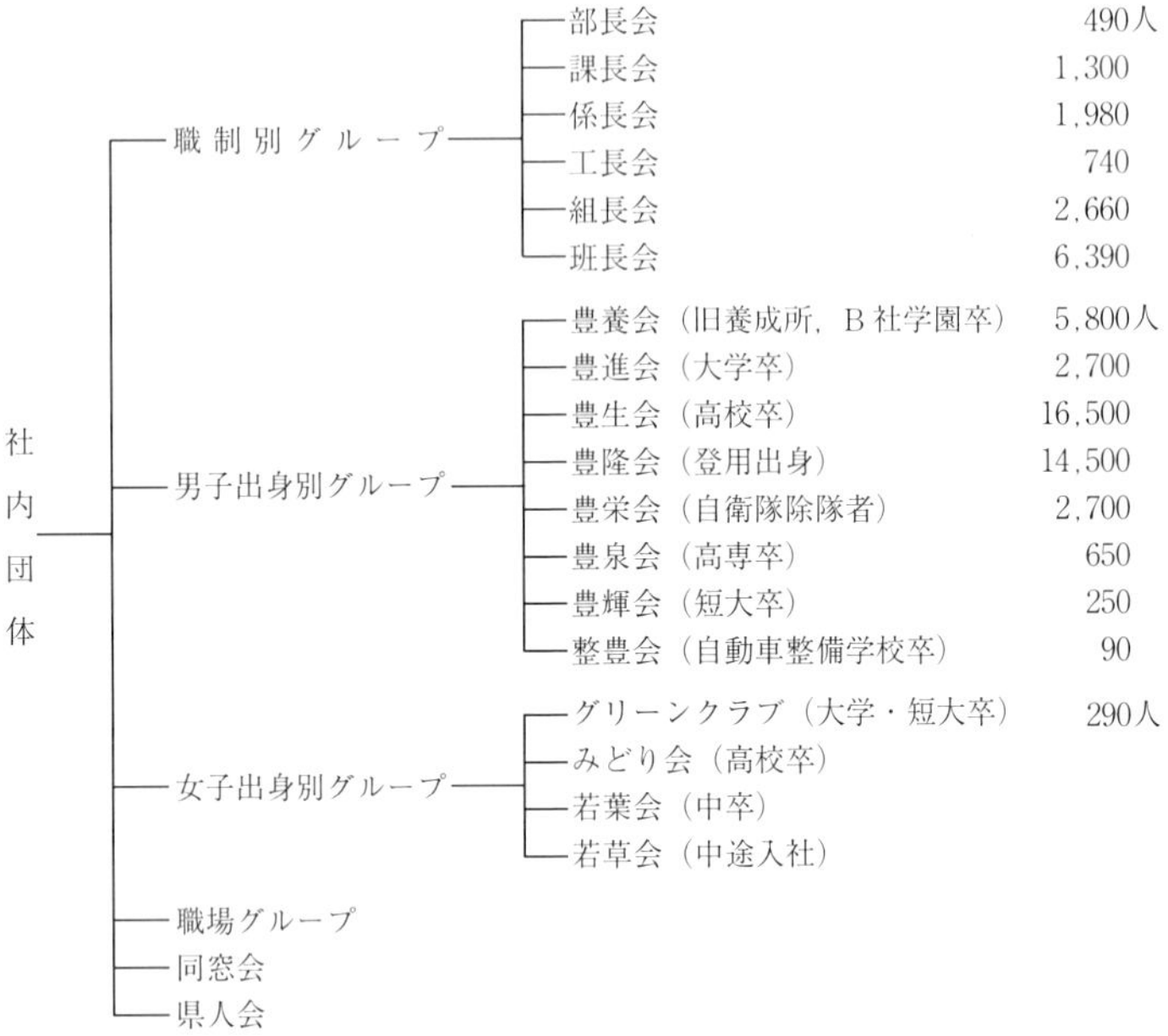

図4－3　トヨタの社内団体

原注：職制別グループの人数は，1983年5月1日現在の各職制の人数を『労務概況』（1983年6月）からとった。各職制は自動的に職制別グループに加入する。出身別グループの人数は，1982年7月現在であり，『広報資料』（1982年度）が出典である。

出所：野村［1993］111。

会、工場見学、研修会、懇談会も開かれている。

(2)トヨタクラブ。トヨタクラブは、運動部会・教養部会・女子部会・職場レクリエーション部会からなっている。

(3)寮自治会・社宅会。トヨタの寮管理は完全に会社によっておこなわれている。寮管理の責任は人事部住宅課で、新入社員の受け入れ・定着対策、寮生の生活指導、寮自治会寮生会の育成をおこなう。寮でも各種の催しが開かれ、各種のスポーツ行事、文化行事のほかに職制との懇談会、さらに「明るい寮づくり」キャンペーンとして全寮駅伝大会、盆踊り、新入寮生歓迎行事、全寮球技大会、もちつき、クリスマスパーティー、ビヤパーティー等が開かれる。社宅の運営は、主として、社宅会と、社員の妻でつくられている「明るい暮らしの運動推進委員会」によっておこなわれている。

(4)ＰＴ運動。ＰＴとは個人的接触を意味する Personal Touch の頭文字で、トヨタ自動車の造語である。その目的は、一対一の話し合いを中心に上司が部下とともに語ることである。ＰＴ運動は他の活動よりも遅く一九六六年から開始された。

トヨタでは「人間関係諸活動」を含む労務管理を「手間ひまかけたドロくさい労務管理」と呼んでいた。

トヨタにおける「労使宣言」

会社主導によって共同体的上部構造が作り上げられたのは、一九五〇年代後半である。その完成を内外に表明したのがトヨタの一九六二年「労使宣言」である。「労使宣言」は、自動車産業が基幹産業であること、しかし乗用車の貿易自由化のために国際市場できびしい競争に直面するであろうことを強調したあと、「この難局を労使相たずさえて敢然と乗り切るため、次の通り宣言する」として、三点を謳った。

① 自動車産業の興隆を通じて、国民経済の発展に寄与する。
② 労使関係は相互信頼を基盤とする。
③ 生産性の向上を通じ企業の繁栄と、労働条件の維持改善をはかる。

トヨタの「労使宣言」は、たしかにトヨタという一会社における宣言であった。しかしトヨタの「労使宣言」は、広く日本の大会社において共同体的上部構造が形成されたことを象徴する宣言であった。

こうした「労使宣言」は、従業員組合というものにとって一つの極である。従業員組合が経営者を信頼すると、「労使宣言」のように、経営者に全面協力する。従業員組合というものにとってもう一つの極は、生産管理闘争である。経営者に強い不信感を持った場合、経営者を排除して自らが会社業務を担うようになる。従業員組合は結成直後の生産管理闘争から、一九五〇年代の移行期をへて、「労使宣言」にいたったのである。

こうした宣言を出したのは、従業員組合が労働組合ではないことの傍証である。ヨーロッパやアメリカの労働組合がこうした宣言を出すということは、考えられない。ある会社を信頼して労働組合が協力を約束する場合でも、会社が労働組合の要求を尊重する限りにおいて会社に協力する、と言うはずである。そうした留保なしに、「組合は生産性向上の必要性の認識の上にたち、企業繁栄のため会社諸施策に積極的に協力する」と表明するのは、従業員組合だからこそである。

第五章　会社による従業員の全時間掌握

利益組織的土台に奉仕する共同体的上部構造

従業員組合は会社の共同体的上部構造を形成するうえで決定的役割をはたした。しかし、従業員組合が独自の存在感を有していたのは、短く見れば敗戦後から五年、長く見ても一〇年であった。それ以後、従業員組合の影響力なき共同体的上部構造となった。

会社は利潤を追求し、永続的存在となることを本質としている。それが利益組織的土台である。戦後初期、結成されたばかりの従業員組合は、会社の一部であったとしても、経営者に不信感を持ち、独自の目標（経営民主化）を追求していた。従業員組合は共同体的上部構造を形成した。従業員組合が独自の目標を持っていたことから、共同体的上部構造は利益組織的土台から相対的に独立していた。そのため土台と上部構造との間に作用・反作用の関係が存在していた。上部構造の反作用とは、身分制の撤廃、生きていくための生活共同体の構築、雇用維持の実現という要求であった。

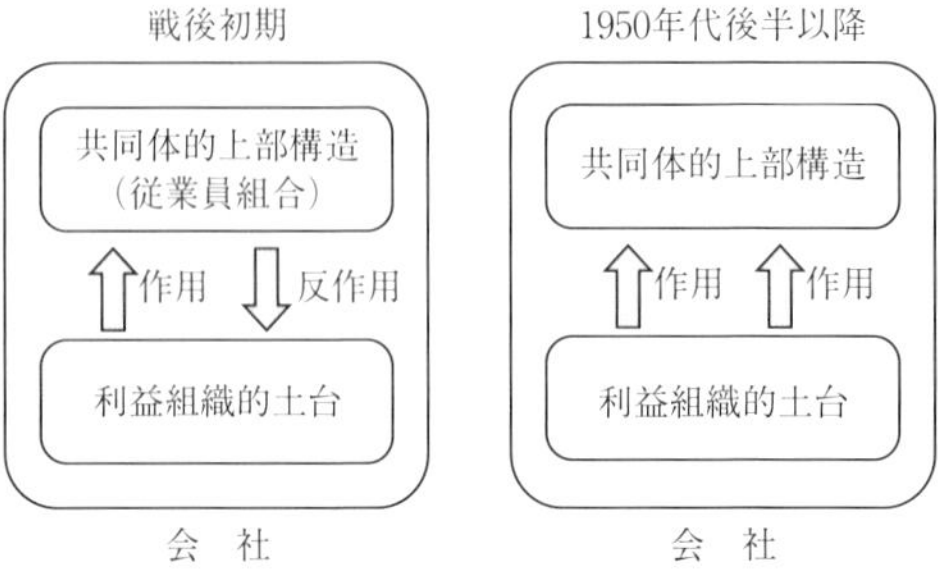

図5－1　共同体的上部構造と利益組織的土台

しかし一九四九～五〇年の一連の大争議の敗北、五〇年代前半の経営側による攻勢、さらには経営民主化のそれなりの実現によって、会社内における従業員組合の影響力は失われていった。トヨタの「人間関係諸活動」に典型的に見られるように、共同体的上部構造は会社によって形成・維持・展開されるようになった。共同体的上部構造はもはや利益組織的土台から相対的に独立するものではなくなった（図5－1）。

共同体的上部構造が相対的独立性を失うことによって、会社は経営者によって完全に掌握されることになった。一九五〇年代半ばからの高度成長の開始とともに、会社は社員旅行、運動会、お花見、もちつき、ボウリング大会、盆踊り、ゴルフコンペ、野球大会、潮干狩りなど、じつに多彩な社内行事をおこなうようになった。それらの多くは、従業員だけでなく、その家族をも巻き込んでおこなわれた。娯楽の少なかった当時、そうした社内行事は多くの従業員に喜ばれた。

しかし、こうしたさまざまな社内行事が頻繁になればなるほど、会社の時間と従業員個人の時間が区別できないようになる。会社は、従業員のすべての時間を会社が利用できる、と考えるようになった。

ひとたび従業員のすべての時間を会社が利用できるという考えが成立すれば、会社が従業員の労働時間外の時間をも会社の利益のために使おうとするのは、必然的である。もともと会社の土台は利益組織だからである。

会社は従業員のすべての時間を会社が利用できると考えるようになった、と指摘したが、正確には、会社は従業員のすべての時間を会社が利用できると再び考えるようになった、と書くべきであった。

戦前から日本において、会社の時間とは別に従業員の時間が存在する、という考えが皆無であった。会社は従業員のすべての時間を利用できる、という考えは、日本資本主義の歴史とともに古い考えである。いいかえれば、日本資本主義の体質である。

戦前には、働く時間にかんして、三つのカテゴリーがあった。①官吏の執務時間、②会社の社員・準社員の執務時間、③工場の工員の労働時間である。それらすべてが、戦後の労働時間問題にきわめて否定的な遺産となった。

労働時間とは何か

労働時間とは何か、という問いに正面から答えようとすると、じつに面倒な議論が必要で、しかも一義的に明快な答えはない。たとえば、朝礼ひとつをとっても、それが労働時間なのかどうか、はっきりした答えはない。会社が朝礼への参加を明白に強制していれば、それは労働時間ということになる。しかし、実際には限りなく強制に近くても、あくまでも自発的参加を原則としている、というのであれば、労働時間なのかどうか、判定は困難である。朝の体操や清掃、服の着替え、終業後の後片付け、連絡事項執筆、など、労働時間に当たるのかどうか不透明な作業・仕事はいくらでもある。

ここでは、労働時間をごくおおざっぱな概念として理解しておく。「労働時間」とは、労働者が使用者のために労務を提供する時間を意味し、ある一定の労働時間にたいして対償として「賃金」が支払われる、という理解である。

戦前の日本においてこうした意味での労働時間概念が成立していたのは、「職工」、「労務者」あるいは「工員」と呼ばれた工場労働者だけであった。もっとも、厳密にいえば、工員についても時間と賃金が対応していたかどうか、疑問があるが、本書のテーマから外れるので、論じることはしない。

戦前の工場労働者には今日のような意味での労働時間の概念が成立するとしても、工場労働者の労働時間には大きな問題があった。長時間労働である。

戦前における工場労働者の労働時間

日本資本主義の歴史において労働時間がはじめて社会問題として取り上げられるようになったのは、製糸業と紡績業においてであった。日本の近代的大工業は製糸業と紡績業において最初に確立した。製糸業も紡績業も若い女性労働者（女工）を主たる労働力としていた。その労働条件は劣悪で、低賃金・長時間労働であった。一〇歳から一四歳までの年少女工も少なくなかった。農商務省は、こうした女工の酷使を放置しておくと深刻な社会紛争を招くに違いないと考え、労働時間の上限規制、年少者の就業制限などを骨子とする工場法を立案した。農商務省は、そのために労働条件の実態調査をおこなった（『職工事情』一九〇三年印刷）。調査が明らかにしたのは、まさしく「原生的労働関係」であった。たとえば紡績業については、次のように報告されている。

「始業および終業の時刻については、昼業部は午前六時に始めて午後六時に終り、夜業部は午後六時に始めて翌日午前六時に終るを通例とす。ただし時季により多少の変更ありとす。また業務の都合により居残り執業せしむること多し。通例二、三時間なれども夜業部の職工欠席多きときの如きは、昼業職工の一部をして翌朝まで継続執業せしむることなきにあらず。加之業務繁忙の場合には昼夜交替に際して、夜業者をして六時間位居残り掃除せしめ、昼業者をして六時間位早出掃除せしめ、結局十八時間を通し労働せしむることあり」（農商務省商工局［一九九八］上、三五）。

工場法の成立は経営者側の強力な反対によって難航し、一八九〇年代半ばからの工場法成立に向けた動きにもかかわらず、成立したのは一九一一年であった。しかもその実施は一九一六年まで待たねばならず、さらに数多くの例外規定が設けられ、実効性は乏しいものになった。労働時間にかんしては、女工の労働時間を一日一二時間に制限することと深夜労働の禁止が中心であった。しかし数多くの例外規定によって労働時間の制限は骨抜きになってしまった。

一九二五年に刊行された細井和喜蔵の古典的記録『女工哀史』は、工場法施行以後、「紡績一一時間、織布一二時間というのが最も多数を占める」（細井［一九五四］一一九）と指摘している。しかし「紡績一一時間」といっても、「強制的残業政策」のために、実際には一二時間となっている、と告発している（細井［一九五四］一二二）。しかも休日は週に一日程度にすぎなかった。

工場法は女性労働者と年少者を対象とするものであった。成人男性労働者（男工）の労働時間については、規制する法律はなかった。機械器具製造業における一九三五年の作業時間は一日あたり一〇時間一六分、それに休憩時間が四五分であった。注意すべきは、休日が今日とは比較にならないほど少なかったということである。月平均二六・八日の作業日数であった（賃銀毎月調査）。

これがいかに長時間であるかを理解するには、今日、過労死として認定される目安の月間労働時間とくらべればいい。二〇〇一年の都道府県労働局長あて厚生労働省労働基準局長通知が、労働基準監督署による過労死・過労自殺として認定する労働時間の目安を示している。それによれば、「発症前一か月間におおむね一〇〇時間又は発症前二か月間ないし六か月間にわたって、一か月当たりおおむね八〇時間を超える時間外労働が認められる場合は、業務と発症との関連性が強いと評価できる」となっている。この場合、一週間の所定労働時間を四〇時間としている。くわしい計算式は省略するが、一九三五年の機械器具製造業の男性労働者の労働時間は、一週間の所定労働時間を四〇時間とする今日の基準を適用すると、残業時間は一〇四時間（一ヶ月三〇日の場合）ないし九八時間（一ヶ月三一日の場合）となる。これだけの残業は、「発症前二か月間ないし六か月間にわたって、一か月当たりおおむね八〇時間を超える時間外労働」という今日の過労死認定の目安を大幅に上回っている。つまり、戦前の平均的労働者は、男性であろうと女性であろうと、今日の過労死認定の目安を大幅に上回る労働時間であった。

これほどの長時間労働にたいして、日本の労働者は労働時間短縮を要求したのであろうか。答えを先にいってしまえば、ノー、である。

ＩＬＯ条約と八時間労働制

第一次大戦が終わった後、突如として、すべての労働者の労働時間を一日八時間以下、週四八時間以下に制限する必要が生じるかもしれない、という事態になった。

第一次世界大戦は、ヨーロッパを主たる戦場とし、壊滅的被害をもたらした。戦争が終わった一九一九年、ベルサイユ条約が締結され、条約にもとづいて、恒久平和の確立を目的とする国際連盟と、国際連盟の一機関として国際労働機構（ＩＬＯ）が設立された。

ＩＬＯの目的は、労働条件の国際的規制や労働者保護によって社会正義を実現し、それによって恒久平和に貢献することであった。その第一回総会が一九一九年に開かれることになった。総会の議題として一日八時間労働、週四八時間労働という原則が条約として決定される予定になっていた。

一日八時間労働、週四八時間労働という要求は、ヨーロッパやアメリカの労働運動が長年にわたって要求してきたものである。したがって、政府代表・使用者代表・労働者代表の三者構成をとるＩＬＯにおいて、一日八時間労働、週四八時間労働という原則が上程されたことは、ヨーロッパやアメリカの関係者にとって自然のことであった。しかし、日本の政府、経営者、労働者にとって、このような労働時間制限は、思ってもいなかったことであった。

問題は、労働時間の現状について、日本の政府、経営者、労働者のだれもが疑問を持っていなかったことである。そのようなときにＩＬＯ第一回総会において一日八時間労働、週四八時間労働の原則がＩＬＯ条約第一号として上程されるというのであるから、日本の政労使は驚いた。「我国の資本家にも労働者にも縁の遠い時間問題が講和会議の結果突然我国に飛来して而も二三ヶ月の後には此問題に就いて我国の政府、資本家及労働者側の代表者が各国の委員と共に対等に論議しなければならぬ事となつたので産業界に関係する人々を驚かした」（『労働年鑑』一九一九年版、二九一）。

ＩＬＯやアメリカ・ヨーロッパの労働組合の影響を受けて、日本の労働組合も八時間労働制を要求として掲げるようになった。しかし、そのことは、日本の労働組合が労働時間を短縮しようとしたことを意味していなかった。「茲に謂ふ所の八時間制中には八時間以上は労働せぬと云ふ国際労働会議の議案にあるが如き意味のものは頗る稀れで、多くは八時間を一日の賃銀単位と見、其以上毎日作業するのであるが八時間以上の作業は残業として残業手当を得る制度である。即ち時間問題よりも生存問題に捕はれて居た我国の職工は時間問題を利用して賃銀増加問題即ち生存問題を解決せんとした」（『労働年鑑』一九一九年版、二九三）のである。

つまり、こういうことである。それまで一日一〇時間働いて、日給が二円だったとしよう。この会社で八時間労働制が導入されたとする。すると、二円の日給は八時間の労働にたいして支払われることになる。しかし会社も労働者も、八時間で仕事を打ち切る気はない。以前と同じく一日一〇時間働く。すると、八時間から後の二時間が残業となり、残業手当が出るようになる。したがって一日一〇時間労働の賃金が、以前は二円だったのに、八時間労働制が導入された後は、たとえば二円二〇銭となり、二〇銭の賃上げになる。労働組合は、八時間労働制を要求することによって、賃上げを実現しようとした。実労働時間の短縮を要求したのではない。

ＩＬＯの八時間労働制は、「労働時間は一日八時間且一週四十八時間を超過することを得ず」という労働時間の上限規制であった。その八時間労働制が日本では賃上げ要求に利用されるという、じつに日本的な受容のされ方をした。いずれにせよ、戦前の日本では、労働時間の短縮は、政府や使用者にとってはもちろんのこと、労働者にとっても獲得すべき目標ではなかった。

トマス・スミスの指摘

アメリカ人の日本史家トマス・スミスは、戦前日本の労働者が持っていた労働時間観念について、重要な指摘をしている（スミス［一九九五］第九章）。

第一に、戦前の労使紛争において、部分的にでも労働時間の問題から発生したものは少なく、労働時間を主要な問題とするものはなお少ない。労働者たちは労働時間の短縮にあまり関心をもたなかった。それは、徳川時代の農民が、ほとんど肉体的限界近くまで働いて収入を得ようとしてきたことを、部分的に反映しているのかもしれない。

第二に、経営者は必要なときにはいつでも自由に、労働者に働くことを要求できると感じていた。制度化された休日でさえ、仕事が忙しいときには、取り消されるのが日常的であった。毎日の労働時間は名目上のものにすぎなかった。繁忙期には、仕事は規定の時間より早くはじまり、終業時間になっても終わらなかった。就業規則は、通常の昼の労働時間に続いて終夜業をおこなう場合を規定していた。そのような長時間労働で、労働者がどれだけ集中して仕事ができたかは疑わしい。しかし、彼らはほとんど不満の声をあげなかった。

第三に、日本では英語の"stint"に当たる言葉がない。西洋の労働史におけるスティントとは、労働者同士の申し合わせによって、労働時間内におこなうと決定した仕事量のことである。ある者はその自律的仕事量をはじめの三時間で仕上げてしまい、残りの労働時間中は仕事をしているふりをするかもしれない。また、まわりに監督者がいるときには、仕事をするふりをすることを困難と考えて、自律的仕事量を超えないよう、仕事をゆっくりとおこなうかもしれない。しかし日本では、使用者に対抗した、労働者による集団的な時間管理は存在しなかった。

スミスの以上のような分析は、日本労働者の労働時間意識をみごとに言い当てている。日本の労働者は、労働時間を自己の支配下に置くことを考えなかった。

官吏の執務時間

戦前の身分制の下において工員とは異なる世界に生きていた社員は、「労働時間」という時間意識を持っていなかった。社員の時間意識を理解するためには、官吏の時間意識を見ておく必要がある。

戦前の官吏（勅任官、奏任官、判任官）は、天皇とその政府にたいして忠実無定量の服務義務を負っていた。二四時間三六五日の服務義務である。

たしかに官吏には執務時間が定められていた。しかし、官吏の執務時間は、今日でいう「労働時間」とは根本的に異なっている。今日の労働時間という概念では、労働時間が終われば私的な時間になる。戦前の官吏は無定量の服務義務なのであるから、私的な時間という概念は成立しない。執務時間とは、官吏が役所にいる時間という意味にすぎない。

官吏の執務時間が今日の労働時間とは異なった概念であることは、恩給制度が存在したことによっても明らかである。恩給制度は複雑で、歴史的にもいろいろ変遷している。一九二三年恩給法の普通恩給についていえば、文官の恩給は一五年以上勤務した後に退職した場合に支給された。在職年数が一五年の場合、退職時の俸給年俸の三分の一が、在職一五年を超える一年につきその俸給年額の一五〇分の一に相当する額を逓増された。民間人には公的年金制度はなかった。労働者年金保険法が成立したのは、戦時下の一九四一年であった。しかし年金保険が機能するためには、相当の保険金積み立て期間が必要である。したがって戦時中を含め戦前には民間人の公的年金制度は存在しなかったといえる。

退職後の生活が保障される恩給は、官吏の特権であった。恩給は国家財政に大きな比重を占めるようになり、一九三一年度には一般会計の九・七パーセントにまでなった。新聞では恩給が国を滅ぼすという恩給亡国論が大きく取り上げられ、議会においても重要な争点になった（日本公務員制度史研究会編［一九八九］二六〇）。

恩給は社会保険ではない。国家が官吏の長年の勤務にたいし恩恵として本人に死ぬまで、本人が死亡した場合には遺族に支給するものである。官吏は、現役時代の忠実無定量の服務にたいして、現役時代には俸給を、引退後には恩給を受け取っていた。官吏は、執務時間の対償として俸給を受け取っていたのではない。したがって、労働時間の対償として賃金を受け取る、という意味での労働時間概念は官吏には存在していなかった。

社員の執務時間

戦前の身分制のもとにおける社員の働く時間は、官吏と同じく、執務時間とよばれていた。社員の執務時間も、今日の意味での労働時間とは異なっていた。一定の執務時間にたいしその対償として俸給が支払われるというものではなかった。そのことは二つの点に表れている。一つは、俸給と賞与・退職金のあり方である。もう一つは、欠勤した場合の俸給支払いについてである。

すでに述べたように、一般社員は年間で俸給八〜一〇ヶ月分、役職者では一年分あるいは二年分にもなる高額の賞与が支給された。退職金はさらに多く、長期勤続者の退職金は、三菱の事例では二五年勤続者で最終月給の約一六年分にもなった。退職金に加えて終身年金も支給された。賞与と長期勤続者の退職金がこれほど多いということは、社員は、執務時間に応じた俸給という考えの下にあったのではない、ということになる。

また、病気で欠勤した場合、その期間が長期でないかぎり、俸給を全額支払われた。たとえば三菱合資では、社員が病欠した場合、一年のうち一五〇日までの病欠にたいしては、給料の全額が支払われた（井上［一九三五］二三）。明らかに、俸給は執務時間にたいして支払われたのではない。

社員が執務時間外に執務した場合、「居残料」が支払われた。しかし「規定時間外勤務料ハ早出及居残リ共ニ一回ニ付五十銭ヲ給与ス」（井上［一九三五］五六）という住友合資の規定にみられるように、時間外に働いた時間に応じた支払いというものではなかった。

社員の高額の退職金と官吏の恩給は類似の性格のものであった。官吏の役所で働く時間が執務時間と呼ばれ、社員が会社で働く時間も執務時間と呼ばれていたことは、決して偶然ではない。社員は会社にたいして忠実無定量の服務義務を負っていたといえる。

労働時間をめぐる戦前の負の遺産

以上のような労働者の時間意識、社員の執務時間の内実を見ると、戦後の労働時間問題は、戦前からの負の遺産を引き継いだと言わなければならない。それは、次のようなものである。

会社の社員は、官吏と同じような時間感覚を持っており、会社に対する義務を忠実無定量と考えていた。つまり、会社の時間と個人の時間を分けて考えることはなかった。すべてが会社の時間でありうる、という考えを当然のこととして受け入れていた。

工員（労働者）には、賃金を対償として受け取る労働時間という概念があった。しかし、労働者の労働時間はきわめて長く、男性工員にしても女性工員にしても、平均的な労働時間は、今日の過労死認定の目安である労働時間を大幅に超えるものであった。そして工員には、そうした長時間労働を制限しようという運動はなかった。

したがって会社は、社員についても工員についても、時間すべてを会社のために利用することができると思っていた。経営者は、女性工員や年少者のような「保護職工」にたいする工場法にも強硬に反対した。まして成人男性工員にたいする労働時間の制限など、問題外であった。

労働時間にたいする政府の姿勢は、きわめて不十分な工場法を成立させることが精いっぱいであった。女性工員や年少者についても不十分な規制しかできなかったのであるから、政府が成年男性工員の労働時間を規制することなどありえなかった。

戦時下において、政府はたしかに一九三九年に工場就業時間制限令を発布し、一六歳以上の男性職工について、一日につき一二時間を超えて就業させることを禁止した。しかし一日につき一二時間の就業というのであるから、制限したといえるかどうか、きわめて疑問である。このような「制限令」といえるかどうか怪しい制限令も、一九四二年の重要事業場労務管理令によって、「重要事業場」については工場就業時間制限令の適用外となった。さらに一九四三年に工場就業時間制限令は廃止された。

社員の執務時間と労働者の労働時間の「統一」

戦前における社員の執務時間と工員の労働時間との概念的相違は、戦後、形式上は消滅した。すなわち、社員の執務時間という概念がなくなり、社員の働く時間も「労働時間」と呼ばれるようになった。そして社員の俸給という概念もなくなり、社員も「労働時間」の対償として「賃金」を受け取ることになった。

社員の執務時間という言葉が消えていった大きな事情は、身分制の撤廃である。結成されたばかりの従業員組合は身分制の撤廃を要求した。身分制撤廃の内容の一つは、社員の執務時間と工員の労働時間の違いを廃止することであった。違いを廃止するのであれば、工員の労働時間を執務時間と呼びかえることも考えられる。しかし実際には執務時間という言葉が消え、労働時間に統一されることになった。

執務時間ではなく労働時間という言葉が存続した理由は、労働基準法にある。一九四七年の労働基準法は、社員と工員の区別なく従業員全体を「労働者」とした。そして俸給と賃金の区別も認めず、従業員が働いて得る対償を「賃金」とした。働く時間についても、執務時間と労働時間の区別を認めず、従業員が働く時間をすべて「労働時間」という概念で一括した。労働基準法をはじめとする労働法が、働く時間を「労働時間」という言葉で一括し、その対償が「賃金」だとしたので、会社も従業員（社員、工員）も等しく「労働時間」と「賃金」という言葉を使うようになった。しかし、そのことは、労働基準法の制定によって、それまでの執務時間と労働時間に代わる新しい概念としての労働時間を生み出したというわけではない。その点を述べる前に、労働基準法の問題点を指摘しておこう。

軟式労働時間制

労働基準法は、労働時間法制においても、画期的と言われている。その第三二条は、「使用者は、労働者に、休憩時間を除き一日について八時間、一週間について四十八時間を超えて、労働させてはならない」としている。一日八時間・週四十八時間労働という、戦前の労働時間からすれば信じがたいほどの短い労働時間を導入した点において、そして労働時間制限が戦前の「保護職工」（女性工員、年少者）に適用されるだけでなく、成人男性工員を含むすべての従業員に適用される点において、画期的であった。

しかし労働基準法は、いわゆる軟式労働時間制を取り入れた。労働時間制は、例外の定め方によって硬式と軟式に分かれる。硬式は、不可抗力その他法律の定める特定の事由のある時にのみ、労働時間の延長を例外として認める。それにたいして軟式は、アメリカの公正労働基準法のように、割増賃金を支払えば事由のいかんを問わず労働時間を延長できるとするものである。

日本の労働基準法は、軟式労働時間制を採用した。その第三六条において、当該事業場に、労働者の過半数で組織する労働組合がある場合においてはその労働組合、労働者の過半数で組織する労働組合がない場合においては労働者の過半数を代表する者との書面による協定をし、行政官庁に届け出た場合、使用者はその協定で定めるところによつて労働時間を延長し、又は休日に労働させることができる、とした。この第三六条にもとづく三六協定に労働時間延長の上限規制はない。さらに第三七条は、労働時間を延長した場合、二割五分以上の割増賃金を支払わなければならない、とした。

今日、労働基準法の第三六条と第三七条は厳しい批判にさらされている。時間外労働の割増率は「二割五分以上」とされているが、ほとんどの会社は二割五分しか支払っていない。割増率二割五分であると、仕事量が多い時に、会社にとっては、追加的に人を雇うより現在の従業員に残業させた方が安くつく。新たに人を雇うと、賃金のほかに、社会保険料負担や福利厚生費などがかかる。場合によっては採用コストや訓練コストもかかる。そうしたコストを考えると、二割五分の割増率で現在の従業員に残業させた方が安くつく。他の先進国並みに割増率を五割にまで上げるならば、会社は残業に頼るよりも新たに人を採用することを選ぶであろう。二割五分という低い割増率が会社に残業のインセンティブを与えている。そして第三六条は無制限（もちろん、一日二四時間という絶対的上限は存在するが）ともいえる労働時間延長を可能にしている。つまり第三六条と第三七条が、過労死・過労自殺をもたらす長時間労働を可能にしている。

しかし、現在のような長時間労働の責任を、労働基準法にのみ求めるのは誤っている。労働基準法の法案作成者たちは、こういう事態を想定していなかった。

労働基準法が軟式労働時間制を採用した理由は、今日の常識からすると奇異に思える理由からであった。

労働基準法の法案づくりは厚生省労政局労働保護課が担当した。その課長を務めた寺本廣作（後に労働事務次官をへて参議院議員、熊本県知事）は、軟式労働時間制を採用した理由を、次のように説明している。

「八時間労働制が労働者の健康保持の為の最長労働時間としてよりも、労働者の為に余暇を確保しその文化生活を保障する為に必要な最長労働時間として規定されるものであることは一般の定説であるが、かような意味で確保される余暇は労働者は自覚してこれを求めるときに於て始めて有効にその目的のために利用されることとなる。八時間制を画一的に強制することを避け賃金計算等に関し八時間制の原則を維持しつつも労働者の自覚して求めない限り尚時間外労働を認める軟式労働時間制はここにその存在理由を持つ」（寺本［一九四八］一三六）。

また、寺本は、後年の回想において、割増率を二割五分以上とした理由を次のように述べている。

「割増金を五割にしたらどうだという議論もあった。アメリカの公正労働基準法は、タイム・アンド・ハーフ、五割増である。しかし、私共は従来日本にある労働慣行、残業でかせぐという労働慣行は決してほめたことではない、基本給は高くても残業はできるだけおさえた方がよいと考えた。それで書面協定と二割五分増という制度で落着けたわけである」（寺本［一九八二］三一七）。

以上のような寺本の説明、および労働保護課において法案作成の中心となった松本岩吉の回想（松本［一九八一］）、さらに当事者から資料や証言を入手して執筆された労働基準行政マン廣政順一の研究（廣政［一九七九］）によれば、労働保護課の現状認識と法案に込めた意味は、次のようなものであった。

労働保護課は、新生日本にふさわしい労働基準法にしたいという情熱を持っていた。そのために労働基準法第一条に「労働条件は、人たるに値する生活を営むための必要を充たすべきものでなければならない」と謳った。八時間労働制についても、ＩＬＯ条約をはじめ国際的水準を強く意識した。しかし労働時間の上限を厳しく規制する硬式労働時間制は、崩壊している日本経済を復興させる上で障害となるであろうから、採用できない。また、硬式労働時間では残業代をかせぐことができないため、労働者の生活も成り立たないであろう。したがって、柔軟に残業を認める軟式労働時間制とする。残業の割増率をアメリカのように五割とすることは、企業の支払い能力からみて無理である。また、割増率を五割にすれば、率がいいので労働者は際限なく残業を要求するであろう。それは好ましくない。二割五分であれば、労働者もあまり長い残業時間を要求しないであろう。残業時間の長さについては、労働組合が十分な力を持っているので、労働組合の判断に任せればよい。したがって三六協定にもとづく労働時間延長について上限も必要ない。

こうした労働保護課の考えは、法案作成当時の政治経済状況を背景とすれば、理解できるものであった。法案作成者たちは、一〇年もしないうちに、従業員組合が会社からの相対的独立性を失い、会社の要求するままに長時間の残業を可能にする三六協定を締結するとは想定していなかった。また、二割五分増という割増率が会社にとって長時間残業へのインセンティブとなることも想定していなかった。つまり法案の意図と、それがもたらした結果が大きく食い違った。そのことがその後の過労死の問題につながっている。

執務時間と労働時間の融合

労働基準法は、労働時間を一日八時間、週四八時間と規定した。しかし労働基準法は軟式労働時間制を採用し、割増賃金を払えば無制限の長時間労働を可能にするものであった。そうした法的枠組のもとで、戦前の社員の執務時間概念と工員の労働時間概念が融合した。従業員のおこなう労働は無定量であり、実際にも長時間労働となる、という形で融合した。しかし戦後、短くみて五年、長くみて一〇年の間、この考えは現実化しなかった。会社から相対的に独立していた従業員組合が活動していたために、会社が従業員の全時間を会社の統制下に置くことができなかった。一九四九／五〇年の一連の労働争議敗北とレッドパージ、あるいは一九五五年の高度成長の開始とともに従業員組合は相対的自立性を失っていった。それとともに、会社は、全従業員の全時間を会社のために使うことができると再び考えるようになった。そして従業員もそのような考えを受け入れていった。

会社で働くことの意味を深く考えた作家に黒井千次がいる。黒井は一九五五年に東京大学経済学部を卒業し、富士重工（現SUBARU）に入社した。一五年後に退社、作家として独立した。黒井は学生時代から作家になることを志していた。しかし作家になるために実社会を知っておくべきだと考え、富士重工に就職した。ほんの幾年かを企業で暮らしてみればよい、という考えで会社生活をはじめたのであるが、会社生活は数年の勤務でわかるはずがないと思うようになった。そのため退社までに一五年かかった。黒井（［一九八二］一四八‐一四九）は退社を決意する時のことを、次のように記している。

「ところで、退社することにひそかに決めた上で、そういう自分を上役がどう見ているかを是非知りたいという気持ちを抱いた。直接の命令系統にはないが日常の業務では関係の深い一人の上役に相談をもちかけてみることにした。会社を辞めるべきか否かについて迷っているのだが、御意見をうかがえないか、と。君はもう辞めた方がよい、と上役は言下にいった。実は、あの男には大切な仕事はまかせるな、との声が上の方から私の耳にはいっている。私自身もそう思う。なぜなら、君は小説を書いている。業務の他にそういうものがある以上、そちらに一生懸命になればどうしてもエネルギーをさかれて、会社の仕事に注ぐ力が弱くなるだろう。会社が求めているのは職場にいる時だけの人間ではなく、二十四時間の企業人なのだから、と」。

黒井は、上の引用文に続けて、「上役のこの意見はまことに筋が通っており、ぼくにはほとんど爽快にさえ感じられた」と書いている。作家になるために会社づとめをした黒井でさえ、「会社が求めているのは職場にいる時だけの人間ではなく、二十四時間の企業人」だという上役の言葉は、心から納得のいくものであった。「二十四時間の企業人」という考えこそ、「身分制撤廃」の後に成立した正規従業員（職員と工員）の服務規範であった。それはすべての時間を会社が支配できるという思想の表現でもある。そしてその規範は、黒井のような批判的精神の持ち主をも納得させる強力なものであった。

会社が従業員のすべての時間を統制できるという考えから、会社はさまざまな形で従業員を会社の利益追求に動員している。もっとも直接的な形では長時間労働として、グレーな形としては提案活動やＱＣサークル活動として、さらにあいまいな形としては有給休暇の低い取得率として、従業員を動員している。

長時間の不払労働

「二十四時間の企業人」という考えは、長時間労働に直接的に具体化されている。過労死を生み出すような長時間労働が残業によっていることも、説明の必要がないであろう。

しかし、次のような疑問がありうる。長時間の残業は残業代を当てにしている従業員が望んでいるのであり、会社による従業員の全時間把握を意味しているとはいえないのではないか、という疑問である。このような疑問は、部分的には、もっともな疑問である。すでに説明したように、戦前から日本の労働者は労働時間の短縮にまじめに取り組んだことはない。長時間労働を当然と思っていた。八時間労働制を要求した場合でも、それによって労働時間の短縮を求めたのではなく、賃上げを要求していた。

しかし、長時間の残業すべてを収入増を望む従業員の希望によるものである、と考えるのは決定的に誤っている。なぜならば、長時間残業のかなりの部分に残業手当が支払われていないからである。時間外手当が支払われない時間外労働はサービス残業と呼ばれている。本当は、賃金が支払われていないので「不払残業」と呼ばれるべきである。法律違反なので「違法残業」と呼んでもよい。不払残業は違法行為なので、公式の統計は存在しない。また、不払残業の定義も一義的ではない。

労働時間制度が複雑になっていて、たとえば裁量労働の場合に不払残業を認めることができるかどうかなど、むずかしい問題がある。しかし日本の長時間労働を考えるうえで不払残業を把握することが必要不可欠なので、さまざまな方法で不払残業の実態を把握する試みがなされている。

そうした調査の一つ（この調査ではサービス残業という用語が使われているので、ここではサービス残業と表記する）によれば、二〇〇五年六月に、一ヶ月あたり平均サービス残業時間は、男性一五・二時間、女性一〇・二時間であった。しかし、全員がサービス残業をしているわけではない。この調査では、男女とも約半数の人たちがサービス残業をおこなっていない。サービス残業をおこなっている人だけを取り上げると、男性は三二・九時間、女性は二二・二時間であった（小倉［二〇〇七］四六）。かくも長時間の不払残業がおこなわれている。サービス残業は手当が支払われていないのであるから、従業員が収入増を望むために残業がおこなわれているという議論は成立しない。

この調査では、なぜ残業をするのか、その理由を質問している。その結果が図5-2である。残業する理由を質問した調査は、このほかにも数多くある。それらのいずれも、ここに掲げた結果とほぼ同様の結果になっている。

一番多い理由は、「そもそも所定労働時間では片づかない仕事量だから」で、ほぼ六割の人が挙げている。しかし、四番目に多い理由として「最近の人員削減により、人手不足だから」が二七パーセントである。仕事量が多すぎる、という理由と、人手不足だから、という理由は、同じことを意味している。人員にくらべて仕事量が多すぎる、ということと、仕事量にくらべて人が少なすぎる、とい

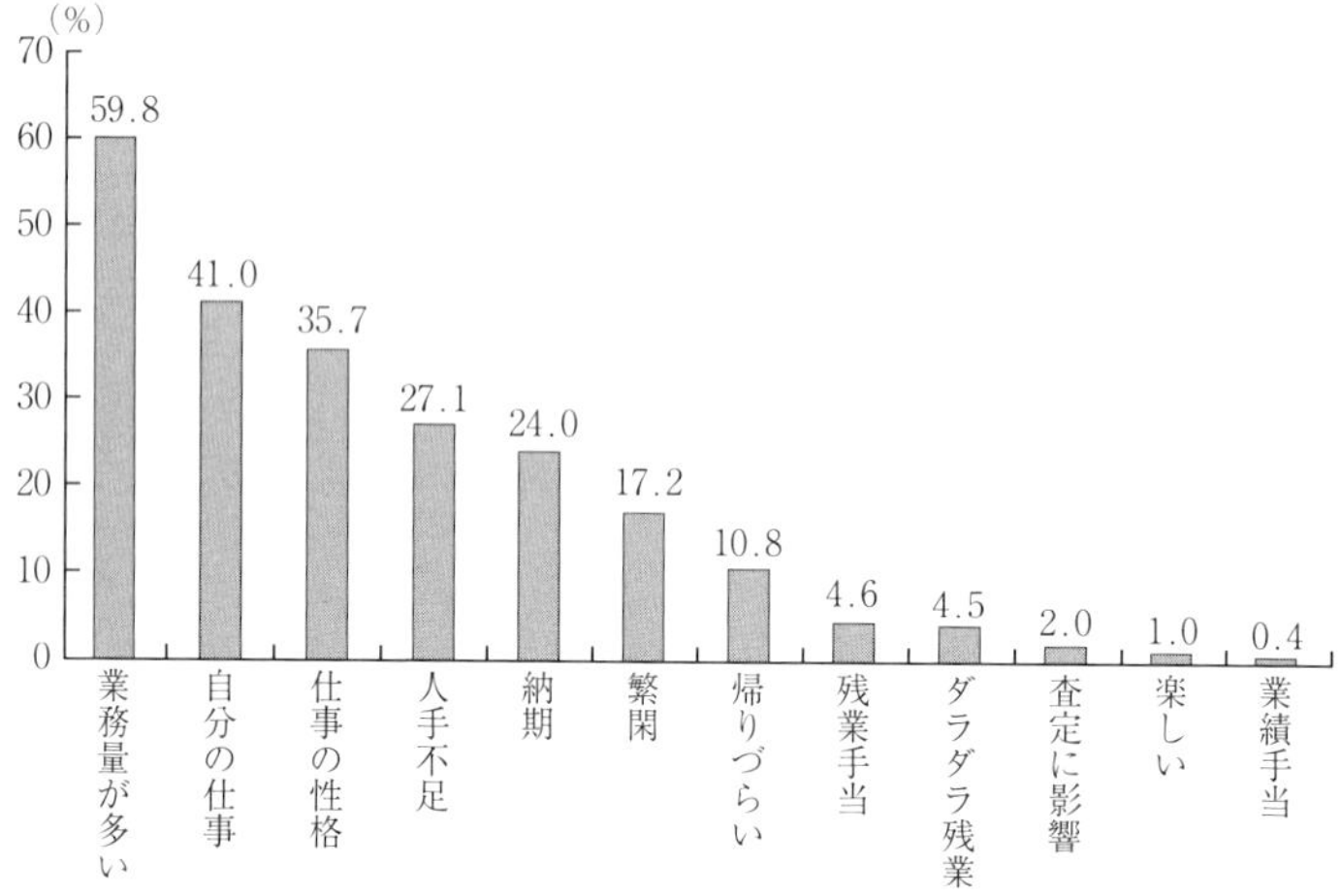

図5－2　残業をする理由（複数回答N＝1049）

注：(1)　JILPT 調査による。
　　(2)　残業をすることが「よくある」「ときどきある」と回答した人のみを対象とした。
　　(3)　３つまでの複数回答である。なお「その他」という選択肢があるが除外した。
出所：小倉［2007］69。

うことは、仕事量から人員を見るか、人員から仕事量を見るかの違いにすぎない。そこで仕事量が多すぎるという理由と、人手不足だからという理由を合わせると、ほぼ九割になる。複数回答になっているので、「仕事量が多い」と「人手不足」の両方をマークした人がいるはずである。したがって九割にはならないが、圧倒的多数の労働者が、業務量が多い＝人手不足を残業理由として挙げていることはたしかである。

不払残業が広く注目されるようになったのは、過労死が話題になりはじめてからであった。一九八〇年代からのことである。しかし不払残業がその頃に発生したというわけではない。ずっと以前から存在していたのであるが、話題にならなかっただけのことである。

不払残業は違法である。したがって、公式統計はない。しかし、公式統計から不払残業の時間数を推計する方法がある。総務省の労働力調査と厚生労働省の毎月勤労統計調査（毎勤）の調査結果を利用する方法である。

労働力調査は世帯員が自分の実労働時間を直接回答している。毎勤は、事業者が賃金台帳にもとづいて実労働時間を申告している。つまり毎勤の実労働時間は賃金が支払われている労働時間である。そこで労働力調査の実労働時間数から毎勤の実労働時間数を差し引けば、賃金の支払われていない労働時間が推計できる。こうした推計によれば、一九五〇年代の不払残業時間は、今日とほぼ同じであった（徳永［一九九四］一二三）。

「自主的な」ＱＣサークル

ＱＣサークルのＱＣは quality control の頭文字で、品質管理を意味する。しかしＱＣサークル活動は、品質管理に限定されることなく、職場内の小人数（五名から七名程度）が一グループとなって、生産性の向上、不良品の低減、安全対策などのテーマを決めて現状分析と改善提案をおこなう。ＱＣサークルは、日本科学技術連盟（日科技連）によって一九六二年に創刊された雑誌『現場とＱＣ』がＱＣサークル活動を呼びかけたことからはじまったといわれている。多くの会社でＱＣサークル活動が導入されるようになったのは、たしかに雑誌『現場とＱＣ』の創刊以後であるが、雑誌『現場とＱＣ』がＱＣサークル活動を呼びかける前に、一九五〇年代後半に富士写真フィルムや松下通信工業などで工場の女性労働者が自主的にグループ活動をおこなっていた。それ以前には製鉄会社で小集団活動が展開されていたともいわれている（徳丸［一九九九］二四八－二四九）。ＱＣサークル活動は一九八〇年代にピークを迎えた。

ホワイトカラーやサービス労働者と違って、工場の直接生産労働者の私的な時間を会社のために利用することは容易ではない。たとえば自動車の生産ラインを思い浮かべればわかりやすい。ラインが動いている間が労働時間となる。時間がきてラインが止まれば、後片付けなどがあるにしても、基本的にはそこで労働時間は終わる。仕事の内容や範囲が不明確なホワイトカラーとは異なっている。しかしＱＣサークルの導入によって会社はラインが止まった後の生産労働者の私的な時間をも会社のために利用することができるようになった。

一九八〇年代後半、バブルの時代に、ＱＣサークル活動や提案制度について次のようなイメージが広がった。日本の一般労働者は経営参画意識がとても強く、それはＱＣサークル活動や提案制度として具体化された。労働者が自ら自発的に職場ごとにＱＣサークルを結成し、職場の生産・業務上の問題を自分の問題として取り組み、その問題の解決に成功した。そうした集団的努力だけでなく、個人としても提案制度を利用してさまざまな改善提案をおこなった。ＱＣサークル活動や提案制度は、会社にとっては経営効率の向上に、一般労働者にとっては経営参画の意欲を満足させるものであり、素晴らしいものであった。バブル期に広まったこうしたイメージは、バブル経済にふさわしいバブリー・ストーリーにすぎない。

実際のカイゼン活動は、生産現場に関係する技術者、現場監督者、専門工がおこなう。一般労働者のQCサークル活動は、むしろ人間関係諸活動としておこなわれている（野村［一九九三］一二一－一二七）。トヨタでTQCのトップ・マネージャーだった人物は、次のように明言している。「QCサークル活動と職組長の改善活動は、はっきりわけて考えねばならない。両方とも「改善」をすることはいっしょであるが、職組長のほうは改善が目的であるのに対し、QCサークル活動のほうは、改善が手段なのである。QCサークル活動の目的は、改善の過程を通じて『人材育成』と『明るい職場づくり』をはかっていこうという点にあるわけである」（根本［一九九二］三七）。

QCサークル活動に多少の手当が出ているケースもある。しかし、QCサークル活動についやされた時間すべてに手当を払っている会社は存在しないであろう。日本の会社は、無料で、あるいはわずかの手当を払うだけでQCサークル活動や提案活動をさせている。これが可能なのは、会社は従業員の時間すべてを利用できるという観念が従業員に受容されているからである。

低い有給休暇の取得率

有給休暇の取得は、有給休暇付与の本来の趣旨からすれば、取得の理由を問わず従業員の都合で取得することができるはずである。そして取得率は一〇〇パーセントとなるのが当然である。しかし現実には、取得率は低位にとどまっている。

厚生労働省の就労条件総合調査によれば、最近の有給休暇の取得率は四九パーセントである。しかしこの数字は取得率を過大に表示している。有給休暇をフルに取得しなかった場合、ある一定の範囲で未取得の日数を翌年に繰り越すことができる。したがって有給休暇の付与日数は、その年に付与された日数に前年からの繰り越し日数を加えなければならない。しかし就労条件総合調査は、その年に新たに付与された日数のみを分母としており、繰り越された日数が含まれていない。繰り越した日数を含んだ場合、有給休暇の取得率は三〇パーセント程度にすぎない。

他の先進国では有給休暇はフルに利用されるのが常識である。有給休暇の取得は労働者の権利だからである。日本の取得率はなぜこんなにも低いのであろうか。それについてはさまざまな調査があるが、どの調査結果を見てもほとんど同じである。病気や急な用事のためにとっておく、有給休暇を取得すると他の同僚に迷惑をかけてしまう、仕事量が多すぎて休めない、他の同僚が取得していないので取得しにくい、というような理由が上位に並ぶ。

病気や急な用事のためにとっておく、という有給休暇の趣旨にそぐわない理由を別にすると、有給休暇を取得しない基本的な理由は、仕事が多すぎる、あるいは人が少なすぎる、ということである。仕事が多すぎるということと、人が少なすぎるということは、同じことを意味している。

会社は従業員が有給休暇をフルに取得しないことを前提に要員計画を立てている。そのため、従業員が有給休暇をフルに取得すると、職場の仕事がこなせない。そのため他の同僚の負担が大きくなるか、本人が残業や休日出勤してこなさなければならない。同僚の負担を増やしてしまえば、迷惑をかけたことになり、職場の人間関係が悪化する。共同体的上部構造は「和をもって貴しとなす」世界であるから、同僚に迷惑をかけてはいけない。迷惑をかけそうだ、と思えば、有給休暇の取得を控えなければならない。また、有給休暇を取得したために本人がその後で残業や休日出勤するならば、有給休暇の本来の目的である心身の疲労回復・ゆとりある生活は実現しない。

会社が従業員が有給休暇をフルに取得しないことを前提に要員計画を立てるのは、経済的にもうかるからである。有給休暇の未取得について単純な経済計算をしてみよう。繰り越しの有休と新規発生の有休のうち二〇日が未取得だとしよう。従業員一人一日あたりの給与を一万五〇〇〇円としようすると会社は従業員一人あたり三〇万円を支払わなくてよいことになる。従業員一〇〇〇人の会社であれば三億円、一万人であれば、三〇億円もの節約ができる。こうした有給休暇の未取得に共同体的上部構造が利用されている。

トヨタ過労死事件

会社による従業員の全時間利用をめぐって重要な事件がある。トヨタ過労死裁判である。

二〇〇二年二月九日午前四時二〇分ころ、トヨタ自動車堤工場の詰所において、内野健一さん（当時三〇歳）が眠るように椅子から崩れ落ち、病院に搬送されたのちに亡くなった。

一九八九年三月に高校を卒業した内野健一さんは、定期採用でトヨタに入社した。生産職場に配属され、自動車ボディーにゆがみ、傷、へこみがないかどうかなどの品質検査をする仕事を担当していた。一九九五年に準指導職、一九九八年に指導職、二〇〇〇年にエキスパート（従来の班長に相当する職制）へと昇格した。品質検査業務は、不良品の発生を防ぐために、常に精神的緊張を強いられる仕事であった。

妻の内野博子さんは、長時間労働に起因する過労死だとして、豊田労働基準監督署に労働災害の認定を求めた。労働基準監督署が労災と認定しなかったため、内野博子さんは豊田労働基準監督署を相手どって名古屋地方裁判所に提訴した。

裁判闘争をおこすことは、内野博子さんにとって大変な決断をともなうものであった。豊田市というトヨタの企業城下町に生まれ育った彼女にとって、トヨタはあまりにも身近な存在であった。彼女のお父さんはトヨタの従業員であった。内野健一さんの祖父、父、母もトヨタの従業員であった。亡くなるまで内野健一さんは、トヨタの社員であることを誇りにしていた（内野博子さんへのインタビューは渡邉・林［二〇一〇］第二章）。

裁判の争点の一つは、従業員の活動のうち、会社の業務と認められるのはどのような活動なのか、ということであった（事実関係については、名古屋地裁二〇〇七年一一月三〇日判決文および熊沢［二〇一〇］終章）。

原告の内野博子さんは、品質検査の業務とそれに直接関連する業務だけでなく、トヨタがおこなっている創意くふう提案、ＱＣサークル活動、エキスパート会の活動、交通安全活動および従業員組合の職場委員活動を労働時間に含めるよう主張した。これらの活動は、使用者が支配する生産活動にかかわるもので、全員参加とされたり、賞金等が交付されたり、人事考課の対象となっているからである。以上のような考えにもとづいて時間外労働時間を算出すると、内野健一さんが倒れる直前一ヶ月の時間外労働は一四四時間三五分である。原告側はこう主張した。

原告側の主張にたいして、被告の豊田労働基準監督署は、次のように反論した。創意くふうの提案に要する時間は、数分もあれば足りる。QCサークル活動は、月に二回、一回一時間でおこなわれるのがほとんどであった。交通ヒヤリ提案は五分もあれば足りるものであった。トヨタ自動車労働組合の職場委員会の活動は、組合活動であるから、業務と評価すべきではない。以上の考えにもとづいて死亡直前一ヶ月の時間外労働を算出すると、四五時間余にすぎず、過労死として認定される基準を下回っている。これが豊田労基署の反論であった。

名古屋地裁の判決

名古屋地裁の判決は、従業員組合の職場委員活動にかんする点を除いて、原告の主張を認めた。すなわち、創意くふう提案、QCサークル活動、交通安全活動およびエキスパート会の活動は会社の業務と判断すべきである。それらの活動にかかった時間も、労働基準監督署が主張するような短い時間ではなく、もっと長い時間である。名古屋地裁は、内野健一さんが亡くなる直前一ヶ月の残業時間を一〇六時間四五分と算定した。内野博子さんが主張した一四四時間三五分から見ればおよそ三八時間少ないものの、労働基準監督署が主張した四五時間余から見れば六一時間も多いものであった。この数字を根拠に名古屋地裁は、内野健一さんの死亡は従事した業務に起因する、と結論づけた。そして労災認定しなかった豊田労働基準監督署の処分を違法とした。

被告の国側は控訴しなかったので、名古屋地裁の判決が確定した。裁判がおこなわれている時に、署長を含む豊田労働基準監督署の幹部がトヨタ自動車の関連会社のゴルフ割引券を使用してゴルフをしていたことが明るみに出た。豊田労働基準監督署とトヨタグループの癒着が明らかになってしまったことが、控訴断念の一つの理由であろう。

名古屋地裁の判決は、マスコミによって大きく報道された。QCサークル活動は従業員による自主的な活動ではなく業務としておこなわれている、という裁判所の判断が注目された。トヨタはそれまで月二時間までQCサークル活動に手当を支給してきた。しかしQCサークル活動に費やされる時間は月二時間に収まるものではない。QCサークル活動について月二時間を超える時間についても手当を支給しなければならないとすると、会社に大きな負担がかかるのではないか、という点に注目が集まった。

しかし、トヨタ過労死事件の判決は、本書の観点から見れば、もっと根本的な意義を持っている。原告の内野博子さんが告発したのは、会社が従業員の全時間を利用している事実であった。それにたいして労基署は、会社が内野健一さんの全時間を利用したのではなく、基本的には内野健一さんが自発的にさまざまな作業や活動をおこなっていたのだ、と反論した。名古屋地裁は、労基署の主張を斥け、大筋において原告の主張を認めた。名古屋地裁は、会社が従業員のほぼ全時間を利用していることを認定した。

ただ、裁判所は、トヨタ自動車労働組合の職場委員活動も会社の業務だとする原告の主張を認めなかった。従業員組合の活動について内野博子さんは、次のように語っている。

「組合の仕事も、トヨタのなかでは仕事のひとつです。それで、組合の職場委員も何年かに一度はやらなければなりません。それから組合の評議会から降りてきた情報を皆に伝えたり、意見をまとめたりする仕事もありました。こういう仕事をしないと昇進できません。福利厚生業務が主であり、組合活動というより、会社の人事の業務という感じがします。私たちも組合会館（カバハウス）で結婚式をしました。実は、組合というものが、会社のなかを変えようという組織だという概念が私にはまったくなかった、というより知らなかったのです。組合での夫の仕事を見ていて、労働組合の活動というのは会社の仕事・業務だと思っていたんです」（渡邉・林［二〇一〇］八八‐八九）。

内野博子さんの主張は正しい。ほとんどの従業員組合は会社からの相対的自立性を失っている。従業員組合の役員として活動することは、会社の業務となっている。そのことを認めなかった名古屋地裁の判決は、誤っている。しかし、その点について名古屋地裁を批判することは、名古屋地裁にとって酷であろう。

日本の労働法の体系は、従業員組合は労働組合であるというフィクションの上に成り立っている。従業員組合は労働組合ではないと司法が認めてしまえば、日本の労働法体系が崩壊する。日本社会は、従業員組合が結成されはじめた戦後直後に、従業員組合は労働組合なのか、という根本的な問いを回避した。そしてきわめて安易に、従業員組合を労働組合法上の労働組合とした。従業員はこうしたフィクションのツケを、最悪の場合としては、過労死・過労自殺という形で払い続けている。

会社による共同体的上部構造把握の行きつく先

トヨタ過労死事件を含め、従業員はなぜ過労死・過労自殺に追い込まれるまで働き続けるのであろうか。そうした働きを強いる会社を当人はどう考えていたのであろうか。

過労死・過労自殺を扱った文献に目を通すと、過労死・過労自殺を強いられた人のほとんどは、会社を批判していない。トヨタ過労死事件の原告となった内野博子さんも、過労で明らかに様子がおかしくなっていったころの内野健一さんについて、次のように語っている。

「「もうちょっと頑張れば変わるから」　夫は何度も何度もそう言っていました。もうちょっと、という意味は、もう少し経つと手伝ってくれる人が入ってくるからということです。（中略）あまりに大変なので夫にいろいろ話しかけたのですが、トヨタを辞めるという話にはなりませんでした。関連企業でなくて、トヨタの本体に勤めていることを夫はとても誇りに思っていましたから」（渡邉・林［二〇一〇］七八）。

過労死の場合は、ある日突然、意識を失い、亡くなってしまう。過労自殺の場合は、遺書やメモを残すことがある。弁護士として数多くの過労死裁判を遺族とともに闘ってきた川人博は、次のように書いている。

「私は、一章の1節で紹介した遺書を読んだとき、なぜここまで会社に対してわびるのか不思議でならなかった。せめて、死を決意したのならば、会社に対し抗議の意思表示をしてほしいと思った。人事身を粉にして働き続けても営業成績が上がらないことはある。製品開発が進まないこともある。人事が円滑に進まないこともある。それは個人の責任では決してないし、無理難題を課している上司や会社組織にこそ、責任があるはずだ。だが、実際には、「こんなことを俺に押しつけた会社に抗議する」と書いた遺書を私はまだ見たことがない。自らのいたらなさをわびて、命を絶っていく労働者たち。中高年労働者の遺書には、「会社人間」と言われ企業に忠誠を尽くして働いてきた人々の物悲しさがにじみ出ている。中高年労働者の過労自殺は、直接的には、過労とストレスから起こるものであるが、その根底には個人の会社に対する強い従属意識があり、会社という共同体に精神面でも固く繋縛された状況があると言える。その意味では、これを「会社本位的自殺」と呼ぶことが可能であろう」（川人［一九九八］九四）。

「自らのいたらなさをわびて、命を絶っていく労働者たち」。これこそがブラック・アンド・ホワイト企業の特徴である。この点でブラック企業と決定的に異なっている。

ブラック企業は、若者を大量採用する。そして会社から見て「使える」者だけを残して、残りの者を退職に追い込む。また、「使える」者も含めて、全員を過酷な労働によって使いつぶす。マネジメントがマネジメントとしての体をなしていないブラック企業も多数ある（今野［二〇一二］）。ブラック企業は経済的利益追求をむき出しにした企業である。産業革命期の原生的労働関係と同じく、労働者を徹底的に搾取する。ブラック企業被害対策弁護団によるブラック企業の定義、「新興産業において、若者を大量に採用し、過重労働・違法労働によって使い潰し、次々と離職に追い込む成長大企業」がぴったりと当てはまる企業である。数多く出版されているブラック企業の解説本・対策本は、こうしたブラック企業を対象としている。

ブラック・アンド・ホワイト企業は、ブラック企業とは異なる類型である。ブラック・アンド・ホワイト企業は共同体的上部構造を有している。共同体的上部構造は二種の従業員を作り上げる。

一つは、この共同体的上部構造に適応した従業員である。彼らにとっては、会社はとても居心地のいいものとなる。そして会社の利害と自己の利害を同一視する「会社人間」、あるいは「社畜」（会社の家畜）と揶揄されるような人間類型になる。この類型が従業員の圧倒的多数となる。そもそも、この類型が圧倒的多数にならないと、会社の共同体的上部構造は存立しえない。

もう一つは、共同体的上部構造に適合しない従業員あるいは共同体的上部構造から脱出した従業員である。彼らのなかには少数派組合員となって会社および多数派従業員組合と徹底的に闘う者がいる。少数派組合が存在しない場合、彼らは会社と従業員組合によって徹底的に差別される。

ブラック・アンド・ホワイト企業において過労死・過労自殺が発生するのは、第一の従業員類型、すなわち共同体的上部構造に適応した従業員のあいだである。会社は共同体的上部構造を利用しながら経済的利益を追求する。目標・ノルマ・納期など従業員一人ひとりに課せられた仕事が、同時に、会社という共同体への義務となる。課せられた仕事をやり遂げることができないということは、共同体に多大な迷惑をかけることになる。共同体メンバーはそのように信じている。新製品開発に行き詰まった。不良品の発生を低減させることができなかった。売り上げ目標を達成できなかった。こうしたことはすべて共同体への責任を果たすことができなかった自分の落度である。このように自分を責め、自らを過労死あるいは過労自殺に追い込んでいく。「自らのいたらなさをわびて、命を絶っていく労働者たち」である。

過労死・過労自殺とジェンダー

過労死・過労自殺とジェンダーとの関係を説得的に論じた研究は見当たらない。過労死・過労自殺をする人の圧倒的多数が男性であることはわかっている。そのため過労死・過労自殺の分析は男性を対象としている。電通の高橋まつりさんのケースでは、女性が過労自殺に追い込まれたという点が社会に大きな衝撃をあたえた。しかし、高橋さんの過労自殺をジェンダーの視点から分析しようとする研究はまだない。

過労死・過労自殺では、男性であろうと女性であろうと、会社を辞めるという選択ができないような精神状況に追い込まれている点で共通している。しかし、会社に対する姿勢において、男性と女性の間に違いがあると思われる。入社して一年もたたないうちに過労自殺に追い込まれた二つのケースが、そのことを示している。

二〇一七年三月二日、大学を卒業してまだ一年にもなっていない若い男性技術者が失踪した。それから一ヶ月あまりたった四月一五日に長野県で遺体が発見された。享年二三歳であった（この事件については川人［二〇一七b］）。

男性は二〇一六年三月に工学系の大学を卒業し、四月に建設業の三信建設工業に就職した。会社は高専卒、大卒、大学院卒を採用する技術者集団である。彼は、二〇一六年一二月中旬から、新国立競技場地盤改良工事を、一次下請会社社員として担当することになった。新国立競技場の建設は当初の予定よりも大幅に遅れてスタートした。このため、建設会社には、国家的行事である東京オリンピック開催に間に合わせるという強いプレッシャーがかかっていた。地盤改良工事は、基礎工事のさらに前段階の工程であり、作業日程は、きわめて厳しいものであった。

男性の両親から依頼されて川人博弁護士が調べたところ、男性は失踪日前の一ヶ月に二一二時間もの時間外労働（平日の残業と休日の労働）をおこなっていた。両親は七月一二日に労働基準監督署に労災申請をした。労基署は一〇月六日に労災を認定した。異例の速さである。東京オリンピックという国家的行事に関連した労災であったこと、そして電通の高橋まつりさんの記憶が生々しい時期であったことが、異例の速さで労災認定された理由であろう。

男性は、自殺したと思われる三月二日付けで、短い自筆の遺書を書いていた。それは次のようであった。

「突然このような形をとってしまいもうしわけございません。
身も心も限界な私はこのような結果しか思い浮かびませんでした。……

家族、友人、会社の方、本当にすみませんでした。
このような結果しか思い浮かばなかった私をどうかお許しください。
すみません。」

会社を批判するのではなく、自分を責め、そして「家族、友人、会社の方、本当にすみませんでした」とお詫びする。川人がいう「自らのいたらなさをわびて、命を絶っていく労働者たち」の一人となってしまった。大学を卒業し会社に入ってから一年もたたない社員がこのような形で過労自殺に追い込まれてしまったことは、就活プロセスと新入社員研修が新入社員に与える大きな影響力を示している。

もう一つの事例は、本書の冒頭で紹介した電通の高橋まつりさんのケースである。彼女の最後のメッセージは、自殺した日の朝にお母さんに送信したメールだった。「わたしの大好きで大切なお母さん、〇〇ちゃん、ももちゃんさようなら。ありがとうね。」「さようなら。お母さん、自分をせめないでね。最高のお母さんだから」というものであった。驚いたお母さんが電話で「死んじゃだめだよ。会社なんか辞めてしまいなさい」と言うと、高橋さんは「うんうん」と返事をしたが、お母さんの言葉にもかかわらず命を絶った。

高橋さんの過労自殺が報道された後、ネット上に彼女がツイッターに投稿した「つぶやき」がアップロードされた。それを読むと、彼女の会社への気持ちはアンビヴァレントであった。一方で、

「やっぱり何日も寝られないくらいの労働量はおかしすぎる」（二〇一五年一〇月二七日）とか「いくら年功序列だ、役職についてるんだって言ってもさ、常識を外れたこと言ったらだめだよね。人を意味もなく傷つけるのはだめだよね。おじさんになっても気がつかないのは本当にだめだよね。だめなおじさんだらけ」（二〇一五年一一月三日）と書き込み、会社にたいして批判的であった。しかし他方で、「一徹して作った自作の資料が全くダメだと言われたのだけれど、直してみて良かったらクライアントへ持っていこうということになり、休日出勤も厭わないやる気が出てきた私は社畜の才能が有り余ってる」（二〇一五年一〇月二八日）とか「好きな時に泊めてくれるし、多くはないけどタクシー代もくれる。毎日なかなか帰らしてくれないし、頭でついつい考えちゃう今の私のすべて❤それが会社(^_^)」（二〇一五年一二月八日）と書き込んでいる。眠る時間すらとれない状態であるにもかかわらず、会社と仕事への愛着と解釈できるような文章である。

彼女が会社へのお詫び文章を書かなかったのは、批判的な姿勢のせいであろう。そして批判的になりえた一つの大きな理由は、女性としての選択肢があったためであろう。それは結婚・専業主婦化である。「このまま一生続くから絶対に専業主婦になる」（二〇一五年一〇月一四日）、「一刻も早く寿退社できますように」（二〇一五年一二月一四日）というメッセージがそれである。もちろん、「頑張ってきた人間は頑張り続けなければいけない運命なんだよね。大学を卒業してもゴールではなく、もっともっと仕事して成果を求められる仕事に就かなければならない。一生働かなきゃいけない」（高橋［二〇一七］一一七）と言っていた高橋さんが本気で専業主婦になろうとしたとは考えにくいが、男性にはない選択肢があったことが会社へのある程度の距離感を保った一つの理由であろう。

同じように入社後一年たたないうちに過労自殺に追い込まれた二人であるが、男性は「会社の方」にお詫びし、女性はそのような文章を残さなかった。それは二人の性格に関係しているというよりは、ジェンダーに起因していると思われる。

終章　自己変革できないブラック・アンド・ホワイト企業

ブラック企業の指標

ブラック企業は、ブラック企業被害対策弁護団が定義したように、「新興産業において、若者を大量に採用し、過重労働・違法労働によって使い潰し、次々と離職に追い込む成長大企業」である。こうしたブラック企業は、今野晴貴をはじめとした研究者やジャーナリストによって叙述・分析されている。そうした研究蓄積の上に立って今野たちは、ブラック企業を見分ける指標として、①新規学卒社員の三年以内の離職率三割以上、②過労死・過労自殺を出している、③短期間で管理職になることを求めてくる、④残業代が固定されている、⑤求人広告や説明会の情報がコロコロ変わる、の五点を定式化した。このような明確な指標は、就職活動をおこなおうとしている学生や、もしかしたらブラック企業に就職してしまったのではないかと考えるようになった会社員にとって、有益かつ貴重な指針となっている。

しかし、このような定式化に問題がないわけではない。それは、この指標に該当しない企業はホワイト企業である、という誤ったメッセージとして理解される恐れがあるということである。本書が一貫して論じたように、この指標に該当しない企業においても過労死・過労自殺が発生しており、そこまで追いつめられないとしても、過労やストレスなどによって多くの働く人たちが心身の深刻な問題に直面している。本書は、日本の多くの企業は黒か白かという二分法で分類できるものではなく、ブラックな部分とホワイトの部分を同時にあわせ持ったブラック・アンド・ホワイト企業であることを強調した。

そのことはもちろん、ホワイト企業が存在しないことを意味しているのではない。数は少ないとはいえ、ホワイト企業は存在している。しかしホワイト企業についての研究は進んでいないので、ブラック企業の見分け方のようにホワイト企業の指標を定式化できるわけではない。ただ言えるのは、女性、とりわけ結婚している女性や子育て中の女性にとって働きやすい会社はホワイト企業である。そしてそのような会社は、間違いなく男性にとっても働きやすい会社であり、したがって従業員すべてにとって働きやすい会社である。

ホワイト企業を見分ける指標が定式化されていないといっても、参考となるデータは公開されている。東洋経済新報社が毎年発行している『就職四季報』である。『就職四季報』には総合版、優良・中堅企業版、女子版の三種がある。ホワイト企業を見分けるうえで重要なのは女子版である。女子版には、男女別の新卒三年後離職率、産休・育休の期間・給与と取得人数、女性の既婚者・有子者数、職種転換制度の有無と人数などが記載されている。そうしたデータを同業他社と比較することによって、その企業がどの程度ホワイトなのかを判断することができる。

『就職四季報』女子版は、別の意味でも日本の会社について重要なことを示唆している。それは、女子版が女子版として発行されていることである。つまり、女性の働きやすさがとりもなおさずすべての従業員にとっての働きやすさである、という認識が日本社会に欠落している。そのため、女性のみが読者となることを想定した女子版が発行されている。女性の働きやすさが全従業員の働きやすさでもあることを日本社会に認識させるためにも、『就職四季報』は女子版という形ではなく、総合版や優良・中堅企業版に女性にかんするデータを掲載すべきである。

ブラック・アンド・ホワイト企業への道

ブラック企業は利益組織という会社の本質をむきだしにした企業である。それにたいしてブラック・アンド・ホワイト企業は共同体的上部構造と利益組織的土台からなっている。そしてブラック・アンド・ホワイト企業は共同体的上部構造を利用しながら利益組織という本質を実現しようとする。ブラック・アンド・ホワイト企業が求めるのは「二十四時間の企業人」である。

「二十四時間の企業人」への入り口が定期採用である。定期採用において会社は学生の人格を徹底的にチェックする。学生もそのことをよく知っており、採用（内定）が決定すると、自分の人格が会社によって認められた、と感じる。それは同時に、認めてもらった、という会社への従属感をともなっている。

そうした会社への従属感は、日本の会社に独特な入社式と、それに引きつづく新入社員研修によって決定的となる。日本社会に根強い、学校生活と会社生活とは根本的に異なるという実社会イデオロギーを背景として、新入社員は、社会全体のルールや常識と、それぞれの会社に独特のルールや慣習を、区別することなく、両者を実社会のルールとして理解し、それを身につけようとする。その行きつく先は、社風の徹底した内面化である。社風を内面化した従業員は、トヨタマンや日立マンなどのように会社名を冠した会社人間になる。「二十四時間の企業人」になれば、その人の主体的行動がおのずから会社の利益組織的土台と共同体的上部構造に寄与することになる。

社風を内面化した従業員にとって、属する会社はとてもいい会社、ホワイト企業である。しかし、ここに大きな問題がある。「二十四時間の企業人」になってしまえば、不払残業も含めた労働時間が無限となってしまう。いかなる人といえど、生命維持に必要な睡眠時間が必要である。いかなる人といえど、耐えうるストレスには限界がある。しかし「二十四時間の企業人」には、その限界の手前でとどまる論理がない。

自分に課せられた仕事をこなせない場合、会社の利益を損なうだけでなく、身近な同僚や上司に迷惑・負担をかけることになる。つまり、会社の利益組織的土台と共同体的上部構造の両面から責め立てられる。ひたすら働き続けるしかない。そして限界を超えてしまったとき、過労死・過労自殺がおきる。大半の従業員によってホワイト企業とおもわれている会社が、過労死・過労自殺をもたらす。

これがブラック・アンド・ホワイト企業の論理である。

ブラック・アンド・ホワイト企業は過労死・過労自殺を生み出す。しかし過労死・過労自殺を生み出しても、ブラック・アンド・ホワイト企業は自己変革できない。会社トップは社風を完全に内面化しており、自分たちのどこに問題があるのか自己認識できない。従業員の大半も自分の所属する会社をホワイト企業と思っている。これでは自己変革できるはずがない。ブラック・アンド・ホワイト企業の改革はきわめて困難である。

ブラック・アンド・ホワイト企業は、戦後史のなかで形成された。

戦前日本の大会社における経営秩序は身分制であった。男性は社員、準社員、職工（労務者、工員）という身分ごとに編成され、働く条件はそれぞれの身分ごとに大きな違いがあった。こうした身分制のために、会社が従業員全体の共同体と意識されることはなかった。

アジア太平洋戦争に敗北してから数ヶ月たつと、大会社の職場や事業所ごとに、従業員が組合を結成するようになった。労働組合法が公布されたこともあって、その数は急速に増大した。従業員組合は経営民主化を要求した。経営民主化要求の主たる内容は、身分制の撤廃と経営参加（経営への従業員の発言権）であった。経営民主化へのＧＨＱの支持、財閥解体と戦犯追放によって弱体化した経営陣、戦争に協力した従業員の後悔、戦争指導者にだまされていたという怒りなどがからみ合って、従業員組合は会社内で大きな影響力を持った。経営参加は労使協議会の設置という形で実現した。身分制の撤廃については、学歴別・性別に仕切られた経営秩序という身分制の本質を変えることはできなかったが、身分制にともなっていた目に見える差別を撤廃し、ハードな身分制からソフトな資格制へ転換させた。また、敗戦による経済の崩壊という現実の中で、従業員組合は率先して従業員の生活を何とか守ろうとした。それは、会社による一方的な首切りを許さないという点に端的に表れていた。従業員組合が従業員の生存のために食料確保に尽力したことも、従業員組合の功績である。こうしたことによって、従業員組合は会社のなかに共同体的上部構造を作り上げた。

しかし、従業員組合が会社経営陣から相対的に独立していた時期は短いものであった。短く見れば敗戦後五年で、長くみても一〇年で会社内における従業員組合の相対的自立性は消滅した。日経連創立にみられる経営者の団結、若くして突然経営トップに抜擢された戦後経営者の経営者としての成長、GHQの方針転換とレッドパージなど、会社側のパワーが急速に回復した。他方、従業員組合はそうした会社側の立ち直りに有効に対処できなかった。それだけでなく、従業員組合が掲げた経営民主化要求がほぼ実現した。従業員組合が会社と対抗的に活動する内的動因は弱まらざるをえなかった。

会社内における従業員組合の存在感が希薄になるにつれて、会社の共同体的上部構造は、会社が直接的に掌握するものとなった。運動会、社員旅行、お花見など、会社はじつに多彩な社内行事をおこなうようになった。そうした社内行事が盛んになればなるほど、会社は、従業員の全時間を会社が利用できるし、利用してもよい、と考えるようになった。会社の土台は利益組織である。ここから必然的に、会社は従業員の全時間を利潤追求に利用するようになった。もともと時間管理がゆるやかであったホワイトカラーについては、仕事量にたいして人員を少なくすることによって、長時間残業に駆り立てた。しかもそのかなりの部分が、残業手当が支払われない不払残業であった。生産労働者については、残業時間を組み込んだ生産計画が作成された。その上でQCサークル活動や提案活動が会社による労働者の全時間把握の絶好のツールとなった。こうしたことの結果として、「二十四時間の企業人」が形成された。

時代は働きすぎに向かう

ブラック・アンド・ホワイト企業のブラックな部分は、会社が従業員を無制限の労働に駆り立てるとともに、従業員自身が無制限の労働にのめり込んでいってしまう点にある。これは、一面では労働時間の問題である。ブラックな部分をなくしていくためには、労働時間の制限が必要である。しかし時代は労働者がより長く働くことを要求している。

森岡孝二〔二〇〇五〕〔二〇一三〕は、一九八〇年代から働きすぎの新しい要因が強まっている、として具体的にそれらを列挙している。

⑴グローバル化。グローバル化は、低価格競争を世界的に激化させ、雇用を不安定化し、賃金を押し下げ、労働時間を延長させる。

⑵情報化。情報通信技術の発展は、時間の節約を可能とすると同時に、時間ベースの競争を強め、仕事のスピードを速め、仕事量を増やす。また、パソコン、スマートフォン、携帯電話は、職場と家庭あるいは仕事の時間と個人の時間の境界をあいまいにし、仕事がどこまでも追いかけてくる状態を

作り出す。

(3)消費社会化。利便性を求める消費者は、利便性を提供する低賃金・長時間労働の労働者の存在を意識しない。労働者の権利よりも消費者の利益を優先する思想が強まり、労働時間を含め、規制緩和の動きを加速している。

(4)雇用の非正規化。一九八〇年代の半ば以降、パート、アルバイト、派遣、契約社員、期間工、請負などの非正規労働者が大幅に増加してきた。その結果、雇用・就労形態が多様化し、低賃金労働者が増大し、労働所得格差が拡大した。

(5)金融化。一九八〇年代以降、投資家の株式会社への影響が強くなった。今日では、大企業は金融市場の圧力の下に競うように人減らしを進め、労働者の賃金や福利厚生の切り下げを波状的に繰り返すようになっている。その結果、従来にもまして労働時間の延長と賃金の切り下げの圧力が強まっている。

(6)労働組合の弱体化。労働組合は産業構造の変化に適切に対応できていない。それだけでなく、労働組合が企業の支配機構に巻き込まれ、企業に対する対抗力をなくしている。

以上の森岡の指摘は、「労働組合」を「従業員組合」と読み替えるならば、深刻化する事態を的確に描いている。

問題は深刻である。どのような対策が望まれるのであろうか。森岡〔二〇〇五〕一九六-二〇九）は、働きすぎ防止の指針と対策として、関係者がそれぞれ何をなすべきかを列挙している。対策リストは長い。たとえば、労働者は自分と家族の時間を大切にし、仕事以外にも生き甲斐をもつ。仕事に殺されそうな状態が続くときは転職するなどして自己防衛を図る。「労働組合」は残業の削減と不払残業の解消に向け、時短キャンペーンに取り組む。年休の取得促進を図り、年休の付与日数の増加を要求する。企業は労働者の家庭生活や社会参加にも留意して労働時間を短縮する。仕事量に応じた要員計画を策定し、適切な要員配置をおこない、恒常的残業依存をなくす。

提言リストについて森岡自身が、「どれをとってもその実行や実現にはさまざまな困難がともなうことが予想される」（森岡［二〇〇五］二〇九）と悲観的に書いている。先ほど引用したように、一九八〇年代から働きすぎの新しい要因が強まっているからである。

問題の解決は、森岡の指摘よりもさらに困難である。ブラック・アンド・ホワイト企業は日本の社会と会社の相互規定の関係から生み出されたものである。ブラック・アンド・ホワイト企業は日本の社会のなかに深く埋め込まれている。ブラック・アンド・ホワイト企業が日本社会の価値観と慣行を再生産している。

さらに、日本における異常なまでの精神主義の問題がある。戦前の修身教科書でたたき込まれた「精神一到何事か成らざらん」の精神は、平常の環境であれば、頑張りましょう、ということを意味するにすぎない。しかし状況が緊張してくるにつれて、「精神一到何事か成らざらん」の精神は、神がかったものになり、合理的な計算や思考を粉砕する。それが極限まで進んだのが、アジア太平洋戦争下の日本社会であった。戦後、このような精神主義は「実社会」において生き残った。過労死が社会問題として認識されるようになったのは一九八〇年代後半であった。ちょうど同じころ、会社人間を「企業戦士」と呼ぶようになった。それは決して偶然ではない。「二四時間戦えますか」と「ジャパニーズ・ビジネスマン」に問いかける栄養ドリンクのコマーシャルが大ヒットしたのもこの時期であった。

労働科学は、一日の労働時間がある時間以上に長くなると効率が急速に低下していくことを教えている。どの程度の時間が分岐点になるのかは、仕事の内容によって変わるが、日本の労働者の多くが最適労働時間を大幅に超えていることはたしかである。しかし日本の会社が労働科学を尊重したことはない。それは「精神一到何事か成らざらん」という精神主義と関係している。

ブラック・アンド・ホワイト企業の改革を企業内部に期待することはできない。経営陣は過労死・過労自殺などブラックな部分がマスコミなどによってセンセーショナルに取り上げられない限り、自社に問題があるとは考えていない。電通がそのいい例である。電通は一九九一年にも男性社員の過労死を出している。この事件もマスコミで報道されたのであるが、二〇一六年の高橋まつりさんの過労自殺ほど大きくは報道されなかった。過労死の疑いの強い在職中死亡は相当数発生しているといわれている。しかし電通はそれらを見て真剣な再発防止策をとることはなかった。高橋まつりさんの過労自殺が大々的に報道された後にはじめて電通は、再発防止に向けて真摯な対策をとる、と遺族に約束した。大々的に報道されない限り、会社は真摯な反省は示さない。そして、過労死・過労自殺が大きく報道されるのは、ごく例外的なケースである。

ブラック・アンド・ホワイト企業の内部からの自己改革を期待できない以上、会社の外から規制をかけて変えていく以外にない。

ここで想起すべきは、男女雇用機会均等法の歩みである。一九八五年に成立した均等法は、努力義務規定を中心としたもので、男女平等のために闘ってきた人たちを失望させた。しかし、一九九七年、二〇〇六年の改正によって罰則規定をともなうより有効な条文が取り入れられるようになってきた。もちろん、法改正がただちに事態の改善をもたらすものではない。日本は雇用機会均等や女性活用において先進国のなかで最低水準にある。しかし、それにもかかわらず、日本資本主義が成立して以来一九七〇年代までの状況に比べれば、ともかくも前進している。かつては、大卒女性は大企業に就職できなかった。男女で定年年齢が異なっており、女性は男性よりも早く定年になった。はなはだしい場合は、女性が三〇代で定年となる若年定年制も存在した。同じく正社員であっても、男女間には歴然とした賃金格差があった。

労働時間と働き方もこれと類似の道を歩むのではないか。二〇一四年に過労死等防止対策推進法が成立した。過労死の防止対策法としては、きわめて不十分である。しかし、何の法律もなかったことから考えれば、この不十分な法律でも、第一歩ではある。これから、罰則規定の整備など、法改正を進めなければならない。しかし、たとえ法改正が進んでも、現実の改善はゆっくりとしか進まないであろう。日本の会社は、そしてもっと広く日本社会は、そうした歴史的体質を有している。

参考文献

愛知県［一九八二］『愛知県労働運動史』第一巻、第一法規出版。

荒井政治［一九九四］『広告の社会経済史』東洋経済新報社。

石川忠延［一九八六］『東芝風雲録――占領下の風変わりな労働争議』東洋経済新報社。

井上信明編［一九三五］『官庁公衙銀行会社工場商店従業員待遇法大鑑』従業員待遇法大鑑刊行会。

榎一江［二〇〇九］「近代日本の経営パターナリズム」『大原社会問題研究所雑誌』九／一〇月号。

大河内一男編［一九六六］『資料・戦後二〇年史　労働』日本評論社。

大河内一男編［一九七三］『岩波小辞典　労働運動（第二版）』岩波書店。

王子製紙労働組合［一九五七］『王子製紙労働組合運動史』王子製紙労働組合。

太田薫［一九六二］「労働運動は労働組合に徹せよ」『月刊労働問題』一月号。

太田薫［一九七五］『春闘の終焉――低成長下の労働運動』中央経済社。

小倉一哉［二〇〇七］『エンドレス・ワーカーズ――働きすぎ日本人の実像』日本経済新聞出版社。

尾高邦雄［一九六三］『改訂産業社会学』ダイヤモンド社。

尾高邦雄［一九八四］『日本的経営――その神話と現実』中公新書。

小山陽一編［一九八五］『巨大企業体制と労働者――トヨタの事例』御茶の水書房。

香川めい［二〇一〇］「「自己分析」を分析する――就職情報誌に見るその変容過程」苅谷・本田編［二〇一〇］所収。

鐘淵紡績株式会社営業部［一九二四］『訓話集』第三巻、鐘淵紡績株式会社営業部。

上井喜彦［一九九四］『労働組合の職場規制――日本自動車産業の事例研究』東京大学出版会。

カミングス、ウィリアム［一九八一］『ニッポンの学校』友田泰正訳、サイマル出版会（原書は William K. Cummings [1980], *Education and Equality in Japan*, Princeton University Press）。

苅谷剛彦・本田由紀編［二〇一〇］『大卒就職の社会学――データからみる変化』東京大学出版会。

川人博［一九九八］『過労自殺』岩波新書。

川人博［二〇一七ａ］「電通新入女性社員過労死事件は何を提起しているのか」『季刊労働法』二五七号。

川人博［二〇一七ｂ］「過労死ゼロの社会を」高橋・川人［二〇一七］第四章。

川人博・蟹江鬼太郎［二〇一七］「電通女性過労死事件が提起したもの」『ＤＩＯ連合総研レポート』三月号。

熊沢誠［二〇一〇］『働きすぎに斃れて――過労死・過労自殺の語る労働史』岩波書店。

黒井千次［一九八二］『働くということ――実社会との出会い』講談社現代新書。

黒﨑征佑［一九九八］「企業内教育における宗教的事項の検討」『帝京平成大学紀要』一〇巻二号。

今野晴貴［二〇一二］『ブラック企業――日本を食いつぶす妖怪』文春新書。

酒井真弓［一九九一］『米国での人事管理一〇〇のキーポイント』日本貿易振興会。

櫻井純理・江口友朗・吉田誠編［二〇一五］『労働社会の変容と格差・排除――平等と包摂をめざして』ミネルヴァ書房。

壽木孝哉［一九二九］『就職戦術』先進社。

末弘厳太郎［一九四九］『労組問答』政治経済研究所。

末弘厳太郎［一九五四］『日本労働組合運動史――決定版』中央公論社。

鈴木富久［一九八三］「戦後一〇年間トヨタ労使関係の展開――賃金等の企業別編成と戦闘的労組の敗北」『新しい社会学のために』三〇号。

鷲見淳［二〇一六］「ローレン『和と力――日本のホワイトカラー企業組織を人類学的観点から考える』」『日本労働研究雑誌』五八巻四号、二八‐三二頁。

スミス、トマス［一九九五］『日本社会史における伝統と創造――工業化の内在的諸要因 一七五〇‐一九二〇年』大島真理夫訳、ミネルヴァ書房（原著は Thomas C. Smith [1988], *Native Source of Japanese Industrialization, 1750-1920*, University of California Press, Berkeley, California）。

隅谷三喜男［一九六八］『日本の社会思想――近代化とキリスト教』東京大学出版会。

高野不当解雇撤回対策会議編［一九七七］『石流れ木の葉沈む日々に――三菱樹脂・高野事件の記録』労働旬報社。

高橋幸美［二〇一七］「まつりと私の二十四年」高橋・川人［二〇一七］第二章。

高橋幸美・川人博［二〇一七］『過労死ゼロの社会を――高橋まつりさんはなぜ亡くなったのか』連合出版。

武沢信一［一九六〇］『人間の管理――企業組織と人間関係』講談社。

種村剛［二〇〇五］「「自己責任」の時代――一九九一年の損失補てんを事例として」関東学院大学『自然人間社会』三八号。

中央職業紹介事務局［一九三五］『知識階級就職に関する資料』中央職業紹介事務局。

筒井清忠［一九九五］『日本型「教養」の運命――歴史社会学的考察』岩波書店。

坪井珍彦［一九七二］「やる気を伸ばすインフォーマル活動」中山三郎編『全員参画経営の考え方と実際』日経連。

ディール、テレンス／アラン・ケネディー［一九九七］『シンボリック・マネジャー』城山三郎訳、岩波同時代ライブラリー（原著は Deal Terrence E./Allan A. Kennedy [1982], *Corporate Cultures: The Rites and Rituals of Corporate Life*, Massachusetts, Addison-Wesley Pub. Co.）。

寺本廣作［一九四八］『労働基準法解説』時事通信社。

寺本廣作［一九八一］「労働基準行政の今昔」松本岩吉［一九八一］『労働基準法が世に出るまで』労務行政研究所、所収。

電通一〇〇年史編集委員会［二〇〇一］『電通一〇〇年史』株式会社電通。

テンニエス、フェルディナンド［一九五七］『ゲマインシャフトとゲゼルシャフト――純粋社会学の基本概念』（上）（下）杉之原寿一訳、岩波文庫（原著は Ferdinand Toennies [1887], *Gemeinschaft und Gesellschaft: Grundbegriffe der reinen Soziologie*, Leipzig, Fues's Verlag）。

ドーア、ロナルド［一九八七］『イギリスの工場・日本の工場――労使関係の比較社会学』山之内靖・永易浩一訳、筑摩書房（原著は Ronald P. Dore [1973], *British Factory-Japanese Factory: The Origins of National Diversity in Industrial Relations*, University of California Press）。

徳永重良・杉本典之編［一九九〇］『ＦＡからＣＩＭへ――日立の事例研究』同文舘。

徳永芳郎［一九九四］「働き過ぎと健康障害」経済企画庁経済研究所『経済分析』第一三三号。

徳丸壮也［一九九九］『日本的経営の興亡――ＴＱＣはわれわれに何をもたらしたのか』ダイヤモンド社。

トヨタ自動車工業株式会社社史編集委員会［一九五八］『トヨタ自動車二〇年史』トヨタ自動車工業株式会社。

双木あかり［二〇一五］『どうして就職活動はつらいのか』大月書店。

西村信雄［一九六五］『身元保証の研究』有斐閣。

日経連三十年史刊行会［一九八一］『日経連三十年史』日本経営者団体連盟。

日産労連運動史編集委員会［一九九二］『全自／日産分会――自動車産業労働運動前史』（上）（中）（下）日産労連。

日本経営者団体連盟［一九五六］『賃金格差の理論と実証的研究――生産性・企業経営分析・国民所得との総合的考察』日本経営者団体連盟。

日本鋼管鶴見製鉄所労働組合［一九五六］『鶴鉄労働運動史』日本鋼管鶴見製鉄所労働組合。

日本公務員制度史研究会編［一九八九］『官吏・公務員制度の変遷』第一法規出版。

二村一夫［一九八四］「企業別組合の歴史的背景」法政大学大原社会問題研究所『資料室報』三〇五号。

二村一夫［一九九四］「戦後社会の起点における労働組合運動」渡辺治他編［一九九四］所収。

根本正夫［一九九二］『トップ／部課長のためのTQC成功の秘訣三〇ヶ条――環境変化とTQCの点検』日科技連出版社。

農商務省商工局［一九九八］『職工事情』上中下巻、岩波文庫、原著は一九〇三年出版。

能登真規子［二〇一四／一五］「現代の身元保証」（一）-（六）滋賀大学『彦根論叢』三九九-四〇四号。

野村正實［一九九三］『トヨティズム――日本型生産システムの成熟と変容』ミネルヴァ書房。

野村正實［二〇〇七］『日本的雇用慣行――全体像構築の試み』ミネルヴァ書房。

間宏［一九六三］『日本的経営の系譜』日本能率協会（間宏［一九八九］『日本的経営の系譜』文真堂として復刊）。

間宏［一九六四］『日本労務管理史研究――経営家族主義の形成と展開』ダイヤモンド社（間宏［一九七八］『日

本労務管理史研究――経営家族主義の形成と展開』御茶の水書房として復刊)。

花見忠[一九七三]『労働争議――労使関係にみる日本的風土』日経新書。

引野剛司・長野晃[一九八二]『日本的経営を説明するための辞書』ダイヤモンド社。

ピーターズ/ウォーターマン[一九八三]『エクセレント・カンパニー』大前研一訳、講談社(原著はPeters/Waterman [1982], *In Search of Excellence : Lessons from America's Best-run Companies*, Warner Books)。

日立製作所[一九六〇]『日立製作所史』第二巻、日立製作所。

日立製作所日立工場[一九六一]『日立工場五〇年史』日立製作所日立工場。

日立製作所日立工場労働組合[一九六四]『日立労働運動史』日立製作所日立工場労働組合。

兵藤釗[一九七一]『日本における労資関係の展開』東京大学出版会。

兵藤釗[一九九七]『労働の戦後史』(上)(下)東京大学出版会。

平井国三郎編[一九二二]『鐘淵紡績株式会社従業員待遇法』鐘淵紡績営業部。

廣政順一[一九七九]『労働基準法――制定経緯とその展開』日本労務研究会。

藤林敬三[一九四九]『わが国労働組合の課題と特質』労務行政研究所。

細井和喜蔵[一九五四]『女工哀史』岩波文庫(原著は一九二五年刊行)。

松浦敬紀[一九八六]『社風の研究――一流企業はどこが違うか』PHP文庫(原著は一九八三年刊行)。

松本岩吉[一九八一]『労働基準法が世に出るまで』労務行政研究所。

丸山眞男[一九九六]「近代日本の知識人」『丸山眞男集　第一〇巻』岩波書店。

三宅明正[一九九一]「戦後改革期の日本資本主義における労資関係――〈従業員組合〉の生成」『土地制度史学』一三一号。

三宅明正［一九九四］『レッド・パージとは何か――日本占領の影』大月書店。

明治大学就職課［一九六四］『就職要覧』明治大学就職課。

森岡孝二［二〇〇五］『働きすぎの時代』岩波新書。

森岡孝二［二〇一一］『就職とは何か――〈まともな働き方〉の条件』岩波新書。

森岡孝二［二〇一三］『過労死は何を告発しているか――現代日本の企業と労働』岩波現代文庫。

安丸良夫［二〇一三］『安丸良夫集』第一巻、岩波書店。

山一証券株式会社社史編纂委員会［一九八八］『山一証券の百年』山一証券。

吉田誠［二〇一一］「戦後初期の日産における労働協約の変遷――一九四八年の改訂をめぐって」『香川大学経済論叢』八四巻一号。

吉田誠［二〇一三］「日産における臨時工の登場と労使関係――一九四九年の人員整理以前を中心に」『立命館産業社会論集』四九巻一号。

吉田誠［二〇一五］「一九四九年人員整理以後の日産における臨時工活用の本格化」櫻井・江口・吉田編［二〇一五］所収。

吉田誠［二〇一六a］「朝鮮戦争勃発以降における全自日産分会の臨時工問題への取り組みの展開――一九五〇年から一九五二年前半まで」『立命館産業社会論集』五二巻一号。

吉田誠［二〇一六b］「日産における一九五〇年代初頭の転換嘱託問題について」『立命館産業社会論集』五二巻二号。

労働教育センター編集部［一九九一］『主要労働組合の労働時間短縮方針・指針集』労働教育センター。

ロリーン、トマス［一九六九］「新入社員教育の日本的特徴――アメリカの社内教育との比較考察」『教育と医学』一一月号、一七巻一一号。
ローレン、トーマス［一九八八］『日本の高校――成功と代償』友田泰正訳、サイマル出版会（原著は Thomas P. Rohlen [1983], *Japan's High Schools*, Berkeley, University of California Press）。
渡辺治他編［一九九四］『戦後改革と現代社会の形成』（シリーズ 日本近現代史 構造と変動 四）岩波書店。
渡邉正裕・林克明［二〇一〇］『トヨタの闇』ちくま文庫。
Saxonhouse, Gary R. [1976], "Country Girls and Communication among Competitors in the Japanese Cotton-Spinning Industry" in Patrick, Hugh ed., *Japanese Industrialization and its Social Consequences*, Berkeley, University of California Press.
Rohlen, Thomas P. [1973], "Spiritual Education in a Japanese Bank", *American Anthropologist*, New Series, Vol. 75, No. 5 (Oct., 1973), pp. 1542-1562.
Rohlen, Thomas P. [1974], *For Harmony and Strength. Japanese White-collar Organization in Anthropological Perspective*, Berkeley, University of California Press.
Rohlen, Thomas P. [1983], *Japan's High Schools*, Berkeley, University of California Press.

あとがき

ブラック企業や過労死・過労自殺について、すでに多くの著作が出版されている。近年では、あたかも議論が出尽くしたかのように、新たな論点の提示が見られなくなっている。しかし、ブラック企業や過労死・過労自殺について重要な論点がまだ検討されていないのではないか。多くの従業員によって、ウチの会社はいい会社だと思われている会社でなぜ過労死・過労自殺が起きているのか。こうした会社はホワイト企業の要素とブラック企業の要素をあわせ持った「ブラック・アンド・ホワイト企業」ではないのか。だれもが名前を知っている有名企業にとどまらず、じつに多くの日本の企業が「ブラック・アンド・ホワイト企業」なのではないか。その成立と存在条件を分析することは、日本企業論にとっても不可欠の作業ではないか。これが本書の問題提起である。こうした問題提起によってブラック企業と過労死にかんする分析を深めると同時に、日本企業論にも寄与したいと考えた。

本書には、私の別の思いも込められている。私が労働研究をはじめた一九七〇年代前半の時期において、一群の有力な研究者たちは自らの研究を「労働問題研究」と呼んでいた。労働は「問題」であった。労働は資本主義にとって、日本資本主義にとって「問題」であった。しかし七〇年代後半から八〇年代にかけて、他の先進国がスタグフレーションに苦しむなかで日本資本主義は「良好なパフォーマンス」を示し続けた。この事実は、労働を問題ととらえる研究の影響力を大きく低下させた。「年功制」・「終身雇用」・「企業別組合」を発見しその分析を進めた「労働問題研究」は、かつての輝きを失った。

しかし今世紀に入り、とりわけこの一〇年、労働が再び「問題」として語られるようになった。非正規雇用、若者雇用、女性労働、パート労働、過労死、ブラック企業など、問題としての労働が再浮上した。しかしそれは、かつての「労働問題研究」が復活したことを意味していない。かつての「労働問題研究」においては、労働問題は資本主義にとっての問題であった。資本主義は必然的に労働問題を生み出す。資本主義は労働問題をいかに「処理」するのか。労働問題を問うことは資本主義を問うことであった。もちろんその裏には、資本主義を批判する研究者個人の価値観が存在していた。しかし価値観はそのものとして表明されていたのではなく、問題設定の背後にあった。だが現在、労働を「問題」として語る多くの論者、とりわけ若い人たちは、個人の価値観にとって現在の労働が「問題」であると考えているように見える。若者の劣悪な雇用は不当だ、非正規労働の不安定雇用は許せない、女性労働者への差別はあってはならない。こうした価値観から直接に労働問題を論じているように見える。

しかし私は、社会科学的認識を深めていくためには、資本主義との関連における労働問題を論じていく必要があると考えている。価値観から直接に問題設定をした場合、社会科学的認識があまり深まらないであろう。私は「労働問題研究」から出発した。たしかに私はある時期、「労働問題研究」に代わる「批判的労働研究」を呼びかけたこともあった。しかし労働が再び問題として語られるようになった今日、私は「労働問題研究」を今に生かしたいという思いが強くなっている。

二〇一六年四月から一八年三月までの二年間、私は国士舘大学経営学部に勤務した。国士舘大学在職の証として在職中に本を公刊しようと思った。しかし大学での仕事や仙台と東京との往復に多くの時間を取られ、在職中の出版はかなわなかった。遅ればせながらの公刊になってしまったが、国士舘大学に謝意を表したい。短い在職期間だったとはいえ、国士舘大学経営学部の大きな転換期に遭遇したこともあって、私立大学における学部や大学の運営についていろいろ考えさせられることがあった。

国士舘大学経営学部に在職したことは、別の意味でも本書執筆のモチベーションとなった。それは、人的資源管理論の講義をするなかで、あるいはゼミ生との議論を通じて、学生たちがブラック企業にきわめて強い関心を持っていることを知ったことである。多くの学生たちがブラック企業や過労死の問題を自分に直接関係する問題ととらえていた。私は彼らにきちんとした知識を伝える義務があると思った。

前著に引き続き、本書も岡崎麻優子さんに編集を担当していただいた。本書の出版についてミネルヴァ書房と岡崎さんにお礼を申し上げたい。

二〇一八年六月四日

野村正實

ま　行

や・ら・わ行

た 行

な 行

は 行

さ　行

索　引

（＊印は人名）

あ 行

か 行

《著者紹介》
野村　正實（のむら・まさみ）

1948年　静岡県横須賀町生まれ。
1971年　横浜国立大学経済学部卒業。
1976年　東京大学大学院経済学研究科博士課程単位取得。
　　　　東北大学大学院経済学研究科教授，国士舘大学経営学部教授を経て，
現　在　東北大学名誉教授。
主　著　『学歴主義と労働社会』ミネルヴァ書房，2014年。
　　　　『日本的雇用慣行』ミネルヴァ書房，2007年。
　　　　『日本の労働研究』ミネルヴァ書房，2003年。
　　　　『雇用不安』岩波新書，1998年。
　　　　『トヨティズム』ミネルヴァ書房，1993年（経営科学文献賞受賞）。
　　　　『熟練と分業』御茶の水書房，1993年。
E-mail　nomura@econ.tohoku.ac.jp

シリーズ・現代経済学⑭
「優良企業」でなぜ過労死・過労自殺が？
――「ブラック・アンド・ホワイト企業」としての日本企業――

2018年8月30日　初版第1刷発行　〈検印省略〉

定価はカバーに
表示しています

著　者　野村正實
発行者　杉田啓三
印刷者　坂本喜杏

発行所　株式会社　ミネルヴァ書房
607-8494　京都市山科区日ノ岡堤谷町1
電話代表　(075)581-5191
振替口座　01020-0-8076

冨山房インターナショナル・新生製本

ISBN 978-4-623-08412-8
Printed in Japan